MONSIEUR de BOGENET
VICAIRE GÉNÉRAL
M. Dessandes de Bogenet (qui refusa plusieurs Évêchés) a sa
famille représentée par les branches
DE LAVILLATTE & DE MONLEVADE

RECUEIL DE NOTES

sur

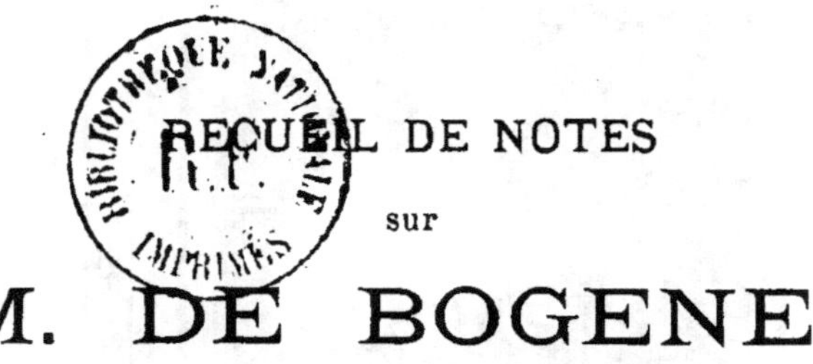

M. DE BOGENET

Doyen des Vicaires Généraux de France

HENRI DE NEUVIL

RECUEIL DE NOTES

SUR

M. DE BOGENET

Doyen des Vicaires Généraux de France

précédé d'une notice sur sa Famille et sur les branches
qui en existent encore

DE LAVILLATTE & DE MONLEVADE

HAVRE

IMPRIMERIE LEPELLETIER, RUE SÉRY, 47

1902

A Sa Grandeur

MONSEIGNEUR RENOUARD

Evêque de Limoges

Monseigneur,

J'ai espéré que Votre Grandeur, en mémoire de Monsieur le Vicaire Général de Bogenet à qui Elle daignait donner le titre d'ami, verrait avec bienveillance mes efforts pour faire revivre son souvenir.

J'ai espéré aussi, malgré le peu de mérite de cet ouvrage, qu'Elle me permettrait de la prier de vouloir bien en accepter l'hommage avec l'expression des sentiments de profond respect que je dépose aux pieds de Votre Grandeur.

H. DE NEUVIL.

NOTICE PRÉLIMINAIRE

Avant de publier ces quelques notes sur Monsieur le Vicaire Général de Bogenet (1), nous devons tout d'abord venir solliciter l'indulgence de nos lecteurs.

Personne plus que nous n'est disposé à reconnaître l'insuffisance de notre plume pour le travail qu'elle

---

(1) Le Château de Bogenet dont nous parlons plus loin est aux environs de Pionnat ; c'est là qu'après la longue captivité qu'ils subirent pendant la révolution, Philippe de Bogenet (frère de François de Lavillatte et de Jean de Monlevade) grand-père du Vicaire Général et Anne de Cosnet, sa grand'mère vinrent terminer leurs jours.

Il est maintenant la propriété d'une nièce du Vicaire Géréral, Madame Duclos, née de Gentil de Rosier, qui l'habite avec son gendre M. Desjobert de Prahas, et sa fille Madame Desjobert de Prahas, sœur de Madame de Boisse, décédée.

désirerait mener à bonne fin et que nous avons hésité longtemps à entreprendre.

Néanmoins soutenus par de nombreux encouragements, nous n'avons pas cru devoir nous soustraire à la tâche que nous impose le désir si légitime de fixer dans l'histoire du diocèse de Limoges la grande physionomie de son ancien Vicaire Général.

Nous avons parlé d'encouragements : le plus précieux fut assurément la lettre que daigna nous adresser Monseigneur l'Evêque de Limoges, le 11 janvier 1902, répondant à l'envoi d'une brochure sur le Château et le fief de Bogenet.

Que sa Grandeur veuille bien recevoir ici l'expression de notre reconnaissance la plus vive et de notre plus profond respect.

Evéché de Limoges.

Limoges, le 11 Janvier 1902.

Monsieur,

Monsieur le Supérieur du Séminaire m'a remis l'ouvrage que m'annonçait votre aimable lettre du 7 courant. Je vous remercie vivement de ce gracieux envoi : j'ai déjà parcouru et je relirai avec beaucoup d'intérêt ce volume relatif à une noble famille que je connais et j'estime.

Il m'est doux en particulier, de voir revivre sous votre plume, la belle et sainte figure de M. le Vicaire Général de Bogenet qui fut long-temps mon conseiller, mon modèle et mon ami.

Veuillez agréer, Monsieur, avec l'expression de ma gratitude l'hommage de mes sentiments les plus respectueux et les plus dévoués.

† Firmin Renouard
Evêque de Limoges.

Notre pensée hâtons-nous de le dire, n'est pas d'écrire la « Vie de Monsieur de Bogenet » un prêtre seul pourrait arriver à l'étudier au point de vue religieux, et il y aurait là pour nous une trop grande difficulté.

Monsieur de Bogenet était, comme aurait dit Clémenceau, « un bloc » qui n'a jamais voulu sacrifier à la diplomatie. Profondément instruit de toutes les difficultés de la théologie, il résistait à tout ce qui ne lui semblait pas conforme aux lois de l'Eglise.

« Périsse le monde plutôt qu'un principe » semblait être sa devise.

Aussi à qui que ce fût, il ne pardonnait jamais un écart même insignifiant. C'est là le magnifique côté de sa vie ! Aussi intransigeant pour lui que pour les autres, ultramontain jusqu'à la mort.

Ce sont surtout ces sentiments dont il ne s'est jamais départi qui font sa grande figure et lui ont donné l'autorité morale énorme qu'il avait sur tout le clergé; Monsieur de Bogenet allait toujours droit au but, franchement, combattant à visage découvert. C'était un Cardinal Pie et non un diplomate sacrifiant un peu pour avoir beaucoup.

Il n'a publié qu'un seul livre : « L'Oraison funèbre de Monseigneur Buissas ». A part cela, croyons-nous, il n'a jamais rien voulu laisser imprimer de ses œuvres ou de ses sermons.

C'est donc dans sa correspondance et dans les lettres qu'il recevait de toutes les sommités ecclésiastiques et même littéraires, y compris Montalembert, Xavier de Maistre, etc, que l'on retrouverait son « *individualité.* »

Sans doute il eût été plus intéressant de montrer le prêtre dans son ministère et le Grand Vicaire dans son administration ; mais nous n'avons pas voulu aborder un semblable travail et notre but se borne à donner quelques notes sur Monsieur de Bogenet, *intime*, et à dire quel homme pieux, charitable et modeste il a été, plaçant en Dieu son unique confiance, tenant sa bourse et ses conseils à la disposition de tous, et, dans sa grande humilité, refusant toujours l'épiscopat qui non seulement lui fut offert plusieurs fois, mais auquel il fut effectivement élevé en 1850 (1).

Voilà ce qu'il écrivait au sujet de son refus à Mère Thérèse de Roffignac (2) :

------

(1) Quand Monsieur de Bogenet fut nommé Evêque, il était prêtre depuis quatorze ans seulement.

(2) Mademoiselle Caroline de Roffignac, en religion **Mère** Thérèse, était née au Château d'Arnac et avait passé **sa** jeunesse au Château de Sannat.

Limoges, 5 Juillet 1850

Ma chère fille en J.-C.

Ma dernière lettre aurait dû vous rassurer, elle était formelle sur ma détermination de ne pas accepter l'épiscopat.

Du jour où le décret de ma nomination m'est arrivé, je l'ai renvoyé en déclarant que je ne pouvais accepter, et je priais de ne pas insister, parce que ma détermination n'avait été prise qu'après y avoir sérieusement réfléchi devant Dieu, et qu'elle était irrévocable.

Le Pape seul pourrait m'ordonner d'agir autrement, mais je suis un personnage trop peu important pour qu'il songe à intervenir. Je suis tranquille ; après avoir été bien tourmenté, j'espère que le Bon Dieu me laissera dans ma sphère actuelle où j'ai un champ assez vaste pour le bien.

Priez afin que le Bon Dieu bénisse ma détermination et qu'il la confirme.

Dans ces circonstances, mon enfant, il faut toujours rester calme autant que l'on peut, et soumis à la Volonté de Dieu. Il me semble que vous vous êtes toutes trop inquiétées ! Je désire vous voir toutes de dignes filles du Sauveur, ayant l'âme grande et généreuse sous l'influence de la foi et de l'esprit divin.

L. D. DE BOGENET.

Nous débuterons par un aperçu de la famille de Monsieur de Bogenet dont il existe encore deux branches : celle de Lavillatte, (1) et celle de Monlevade, cette dernière émigrée au Brésil, mais représentée en France :

Par Madame de la Brugière, (veuve de Monsieur Ferdinand de la Brugière,

---

(1) La terre de Lavillatte est toujours dans cette famille et est habitée par Henri, fils d'Anatole de Lavillatte décédé le 19 janvier 1883.

Monsieur Anatole de Lavillatte appartenait à l'ancienne magistrature, et l'on pouvait espérer qu'il y aurait un brillant avenir lorsque les évènements politiques vinrent briser sa carrière au commencement de 1879. Il n'avait alors que quarante deux ans.

En même temps que tant d'autres magistrats qui furent alors sacrifiés, Monsieur de Lavillatte, fidèle à ses convictions chrétiennes et royalistes, fut après la chute du Ministère Dufaure, une des premières victimes du Ministère Le Royer.

cousin germain du Général de la Brugière de Laveaucoupet) ;

Par Madame la Marquise de Ligondès Et par Mademoiselle de Lignac.

Nous parlerons ensuite de la vie de Monsieur de Bogenet et nous terminerons par quelques mots sur ses œuvres.

Sa famille fut à une époque si nombreuse, puisqu'entre autres son arrière grand-père Jean François de Bogenet, Seigneur de Lavillatte, de Monlevade, etc., né en 1719, eut dix-sept enfants, que nous ne pouvons évidemment mentionner qu'une partie de sa parenté, mais si la place nous manque ici pour la citer entièrement, personne n'était oublié dans le grand cœur de Monsieur de Bogenet, qui englobait tous les siens dans les mêmes sentiments affectueux et donnait à chacun l'appui de ses ferventes prières.

« J'ai fait à Dieu le sacrifice de ma vie, disait-il vers 1885, à un de ses parents, (1) pour que toute ma famille se trouve réunie dans le Ciel ».

Nous dirons aussi l'amour de Monsieur de Bogenet pour la France, sa douleur à la mort d'Henri V :

« Il faut élever nos vues jusqu'à Dieu, écrivait-il, au moment de la mort du Comte de Chambord, adorer ses impénétrables desseins et nous incliner avec une sérénité parfaite devant ce terrible coup qui brise nos espérances. Dieu n'a pas voulu se servir du prince Dieudonné pour sauver la France, prions-le de susciter celui qui doit la sauver ».

______

(1) M. Henri de Lavillatte, alors dans un régiment de Cavalerie en garnison à Limoges.

Nous essayerons de donner par un aperçu des œuvres qu'il dirigeait, une idée de · l'esprit extraordinairement actif de Monsieur de Bogenet, qui lui faisait une heure avant la crise qui détermina sa mort, s'occuper encore d'annoncer dans la Semaine Religieuse le pélerinage de Sauvagnac pour lequel il avait tant fait pendant plus d'un demi-siècle et qui fut une de ses dernières préoccupations. Hélas ! Il devait mourir avant de le conduire une dernière fois ! Car le pélerinage n'eut lieu qu'après son décès, le 8 septembre... « Et cette année, dit la Semaine Religieuse, il semblait revêtir un caractère de mélancolique piété. On ne retrouvait plus agenouillé dans le Sanctuaire, au pied de la Statue miraculeuse, le Vénérable Monsieur de Bogenet, dont la voix retentissante et enflammée de l'amour de Dieu avait raconté si souvent les gloires de la Vierge de Sauvagnac.

« Mais au millieu du deuil, on éprouvait la douce consolation que celui que l'on avait perdu et que l'on pleurait était au Ciel, que la Sainte Vierge qu'il aima d'un amour si profond et qui l'avait rappelé de ce monde pendant l'Octave de l'Assomption, l'avait déjà associé à son bonheur et à son triomphe. »

Nous ne saurions trop remercier ceux qui nous ont tendu la main et se sont mis à notre disposition pour faciliter nos recherches. Ce sont eux qui nous ont envoyé toutes les notes qui forment ce recueil ; ils ont eu tout le mérite. L'honneur doit donc leur revenir en entier si cet ensemble de documents parvient à donner une idée du grand rôle que Monsieur de Bogenet a rempli parmi ses contemporains jusqu'au moment où il vint reposer pour toujours dans le cimetière de Pionnat, près de ce Château de Bogenet où il comptait faire construire un oratoire pour prendre sa retraite sur ses « *Vieux jours* » *!* disait-il.

Mais ce moment du repos il ne trouva jamais qu'il fût venu pour lui et, à quatre-vingt-douze ans, il ne lui semblait pas encore que l'heure eût sonné de cesser le bon combat qu'il a combattu jusqu'à son dernier souffle !

Septembre 1902.

LA FAMILLE

de Monsieur

LE VICAIRE GÉNÉRAL DE BOGENET [1]

Jean‑Baptiste‑Léopold Dissandes de Bogenet, Grand Vicaire du Diocèse de Limoges, Doyen des Vicaires Généraux de

---

[1] Dans le cadre forcément très restreint que nous nous sommes tracé pour cette étude, nous ne pouvons faire entrer, de la famille de M. le Vicaire Général de Bogenet, telle qu'elle est actuellement, que la descendance de sa sœur et des branches existant encore, nous y ajouterons ceux de ses parents dont la mère appartenait à une branche éteinte et en portait le nom, et ses cousins issus de germains.

Ses deux cousines issues de germaines appartiennent aux branches qui existent toujours, ce sont Madame Dronsart de Cantin et Madame de la Brugière. Son cousin issu de germain, M. Cusinet, est petit‑fils d'une sœur de Philippe de Bogenet.

France, Doyen du Chapitre et Chanoine honoraire, naquit le 2 Novembre 1805.

Il serait assez difficile de dire exactement à quelle époque sa famille, qui posséda les seigneuries de Villecorbet, de Neuville, de Balleyte, de Bogenet, de Lavillatte, de Monlevade, de Pionnat et de Saint-Fiel, vint s'établir dans la Marche où elle a occupé les charges les plus honorables, mais sans remonter à ses premières origines qui peuvent être beaucoup plus anciennes, ce que l'on peut affirmer d'après les documents les plus authentiques et les actes les plus sérieux, c'est qu'au moment des règnes de Louis XII et de François Iᵉʳ, c'est-à-dire dès l'an 1500, date depuis laquelle sa filiation est établie sans interruption jusqu'à nos jours, elle était déjà connue dans cette province sous le nom de Seigneurs de Villecorbet.

Villecorbet était un fief noble qui donnait à son propriétaire droit d'en prendre titre et qualification.

Comme nous le disons dans notre Notice préliminaire, elle est encore représentée en France par la branche de Lavillatte ; et au Brésil par celle de Monlevade (ou de Montlevade) fixée dans cette contrée par le mariage d'Antoine Félix Dissandes de Monlevade, né le 12 Avril 1791, avec Mademoiselle de Souza (dès Marquis de Taorrès, une des plus illustres Maisons du Portugal). — Nous avons donné la descendance de cette branche dans notre pays par Madame de la Brugière, la Marquise de Ligondès et sa sœur Mademoiselle Marie de Lignac (1).

Elle s'est alliée au Brésil à la famille d'Olivera, et plusieurs fois aux Paës-Léme, notamment par le mariage de Jean de Monlevade (fils d'Antoine Félix, nommé plus haut, et de Mademoiselle de Souza) avec

---

(1) Thérèse de Lignac, sœur de Madame de Ligondès et de Marie de Lignac, habite le Brésil où elle a épousé un Paës-Lème, famille comme nous le faisons remarquer, souvent alliée à celle de sa mère Mademoiselle de Monlevade.

sa cousine germaine Marianne Paës-Léme, dont le père, Marquis de Jean-Saint-Marc, était chambellan de l'empereur Dom Pedro II *(Renseignement donné par madame la Marquise de Ligondès)*.

La branche de Lavillatte a encore dans la Marche quelques représentants qui en portent le nom, et un dans le Berry, Madame Dronsart de Cantin (1) (Isabelle de Lavillatte). Tous descendent directement de François Dissandes de Lavillatte (2),

---

(1) Madame Dronsart de Cantin (qui avait deux sœurs décédées célibataires) est fille de Philippe de Lavillatte, marié à Mademoiselle Duhail, dont la famille compte plusieurs alliances dans la Marche : entre autres le mariage de Mademoiselle Duhail de Saint-Georges, en 1854, avec le Vicomte de Beaufranchet, et une autre union avec le Vicomte de la Celle de Châteauclos en 1881.

Ne pas confondre Philippe de Lavillatte avec son neveu qui portait le même prénom et qui épousa Madame de Varennes.

(2) Que l'on voit aussi appelé : de Lavillatte-Bogenet.

né en 1758, et marié en 1783, à Mademoiselle Marie des Bajoix, fille de Jean des
Bajoix et de Catherine du Breuil de Souvolle.

Madame de Lavillatte était nièce de
Gabrielle de la Marche, qui signa à son
contrat de mariage, et arrière-petite-fille
du Comte de Villiers, Chevalier de Saint-
Louis, Capitaine des Cent-Suisses de la
Garde Royale de S. M. Louis XV, et un
des plus fidèles officiers de la Reine Marie
Leczinska.

A la mort du Vicaire Général, la branche
de Bogenet s'éteignit ; ce fut celle de Lavillatte qui devint alors l'aînée de la famille
dont nous parlons ici.

On la trouve citée plusieurs fois aux
archives de la Chapelle Saint-Sylvain, plus
tard Chapelle des Pénitents Noirs : Sous
Henry IV, Marguerite, que l'on suppose
être la fille du Vice-Sénéchal de la Marche,
Jacques Voysin, Seigneur de La Poyade,

assassiné en 1591, et de Gabrielle de Saint-Julien, figure comme femme de Jehan Dissandes de Villecorbet, qui vivait pendant les guerres de la Ligue.

Elle est au nombre des Dames Baylesses avec Gabrielle de Myomandre, veuve d'Etienne de Malardier.

Notons ici que la sœur de Jehan de Villecorbet est l'arrière grand'mère des fondatrices du couvent des sœurs de la Croix à Guéret.

On voit dans les archives de la même chapelle que Madame Marie Aimée de Lavillatte-Billon fut reçue pénitente Noire *« le 20 Mai 1783, à quatre heures et demi « du soir, le lendemain de la Feste-Dieu, « jour de Vendredy »*.

Marie-Aimée Dissandes de Balleyte avait épousé le Lieutenant Général Gervais Guillon de Lavillatte-Billon.

C'est aussi grâce aux donations d'un allié de la famille de Monsieur le Vicaire Général de Bogenet, Varillas, Ecuyer, Historiographe de France, que fut fondé à Guéret le couvent des Barnabites.

Le frère de Varillas, Augustin, seigneur de Maudoueix, épousa Mathurine « *fille de* « *défunt Noble Jean Dissandes, Seigneur de* « *Villecorbet, Lieutenant de la Chatellenie* ». Registres de l'Eglise St-Pierre et St-Paul.

Varillas naquit à Guéret en 1624 (sa mère appartenait à la famille Couturier de Fournoux, famille maternelle du Marquis de Bonneval, décédé à Guéret, il y a quelques années).

Il se rendit fort jeune à Paris où il s'adonna à l'étude des Belles-Lettres, et il fut admis dans la maison de M. Amelot de Biseuil, et dans le Cabinet des frères Dupuy, Gardes de la Bibliothèque du Roy, qui était alors le rendez-vous des lettrés et des savants.

Il attira sur lui l'attention de Gaston d'Orléans, frère de Louis XIII, et, plus tard, en 1660, il reçut le brevet d'Historiographe de France.

Ce brevet se trouve aux archives sur parchemin scellé du grand sceau de cire de Louis XIV : « *Louis, par la grâce de* « *Dieu, Roy de France et de Navarre, à* « *tous ceux que ces présents verront, salut.*
« ....
« *faisons savoir que l'entière confiance que* « *nous avons en la personne du sieur de* « *Varillas, escuyer, en sa capacité, expé-* « *rience, intégrité, fidélité et affection à* « *notre service, lui avons donné et octroyé,* « *donnons et octroyons par ces présentes,* « *l'état et charge de notre conseiller ordi-* « *naire et Historiographe ordinaire, pour* « *ledit Estat et charge de Historiographe,* « *avoir, tenir et dorénavant exercer, en jouir* « *et user pour ledit sieur de Varillas, avec* « *honneurs, autorités, prérogatives, etc., etc.*

Signé : Louis
Par le Roy, signé : DE GUÉNÉGAUD.

Mais Varillas déplut à Colbert qui lui fit ôter sa place et il se retira dans la communauté de Saint-Côme.

L'Archevêque de Paris sut alors se l'attacher, et, tour à tour, critiqué par les uns, loué par les autres (Voltaire lui-même le qualifie d'écrivain agréable) après avoir refusé les offres du Duc d'Aumont (*L. Moreri. G*^d *Dictionnaire Historique*) il refusa également les offres des Etats de Hollande (*de Boscheron. Loc. cit.*)

Il vivait en philosophe indifférent aux critiques, ne fréquentant que M. de la Feuillade, M. de Noailles, M. de Boisfranc, trois de ses compatriotes du pays de la Marche et du Limousin.

Par son testament en date du 27 février 1696, il légua aux pauvres de Guéret une partie de ses biens et il choisit pour exécuter ses dernières volontés : « Messire Joseph Cousturier, seigneur de La Prugne, son cousin-germain, Lieutenant en la Chatellenie de Guéret, et à son défaut son fils, René Cousturier de Fournoux ».

Aux termes du testament, M. Cousturier de La Prugne était libre, en ce qui concernait la ville de Guéret, d'en interpréter les clauses et de les modifier s'il le jugeait à propos.

S'inspirant du besoin de la ville il songea à affecter une partie du legs à la fondation d'un établissement d'éducation. L'évêque de Limoges donna son agrément à cette création et ainsi fut fondé à Guéret le collège des Barnabites.

Parmi les parents de Monsieur le Vicaire Général de Bogenet ayant appartenu à l'Eglise, citons: Philippe du Breuil de Ville (frère de sa trisaïeule) né en 1696, Official de Guéret, dont les deux nièces épousèrent : l'une Jean François de Bogenet, Seigneur de Lavillatte (1) et autres lieux, qui naquit en 1719; la seconde, Gabriel d'Hautefaye.

---

(1) Il est par conséquent le grand-oncle de l'officier de l'armée des Princes qui se distingua aussi plus tard dans la Marche et dans l'Auvergne, à la tête du parti royaliste, au moment du Consulat.

L'Official étendait sa juridiction sur toute la haute et la basse Marche; plus tard cette juridiction fut réduite et néanmoins englobait encore deux cent quarante-sept paroisses.

Au moment de sa mort il institua comme légataire universel son neveu Jean François de Bogenet (le nom s'orthographiait alors : de Bosgenest, et de nombreuses signatures de l'époque portent : de Bosgenest-Dissandes, Seigneur de Lavillatte).

Le fief de Lavillatte était depuis des siècles dans la famille de l'oncle de Jean François de Bogenet, et il est mentionné lui appartenant le 6 juillet 1553, dans le procès-verbal du ban et de l'arrière-ban de la Marche (le ban et l'arrière-ban était la convocation à cri public de tous les gentilshommes et autres tenant fief qui devaient prendre les armes pour le service du Roi).

Les soins que prit le testateur, et par un

contrat de vente conclu vingt-deux jours avant sa mort entre lui et son neveu Jean François de Bogenet concernant le fief de Lavillatte, et par son testament l'instituant son légataire universel, prouvent le vif désir qu'il avait d'assurer à ce parent la propriété dudit fief de Lavillatte et ainsi de conserver dans sa famille la seigneurie qu'elle possédait depuis si longtemps. — Jean-François de Bogenet la donna comme apanage à l'un de ses fils, François de Lavillatte, à l'occasion du mariage de ce dernier avec Marie des Bajoix en 1783.

Mentionnons également Annet de Monlevade (grand-oncle du Vicaire Général) né en 1747, entré dans les ordres, pourvu en 1781, et mort la même année regretté, disent les annales de l'époque, de tous ceux qui l'ont connu.

Pour ne pas trop nous étendre, nous nous bornerons exclusivement à ajouter à ces quelques notes sur les parents de M. le

Vicaire Général de Bogenet le nom de quelques-uns de ceux qui, restant dans la Marche, occupèrent des charges dans Guéret, ville des débuts du Vicaire Général, à laquelle les siens ont donné : des Lieutenants de la Chatellenie, un Premier Consul, un Consul, deux Officiers de la Maîtrise des Eaux et Forêts de la Province de la Marche dont un Maître Particulier, trois Echevins, deux Présidents, des Conseillers au Présidial, deux Receveurs des Consignations de la Province (1), de nombreux Conseillers du Roy et deux Maires.

La Maîtrise particulière des Eaux et Forêts étendait primitivement son ressort sur toute la Haute et Basse-Marche et même pendant plusieurs années, à partir de 1707, elle comprit le Limousin. Le Maître Particulier était à la tête de ce corps et le pre-

---

(1) Ces fonctions, actuellement remplies par les Receveurs généraux des Finances, peuvent être assimilées à celles de Directeur de la Caisse des Dépôts et Consignations.

mier de tous les officiers. En 1786, Philippe de Bogenet, grand-père du Vicaire Général, est inscrit au tableau comme Maître Particulier, sous le nom de Philippe-Jean Dissandes de Bogenet, Balleyte et Pionnat.

Puisque parmi les charges énoncées ci-dessus nous citons celle de Consul, il nous a paru intéressant d'en rechercher l'origine :

« La tradition des antiques municipalités « romaines, dit Larousse, page 1055, fit « entrer en France le titre de Consul, et « les provinces méridionales furent les « premières à donner ce nom à leurs « magistrats ».

Ainsi du Mège cite à Toulouse : Sanche Garcie de Manas, chevalier en 1350 ; Othon de Pins, 1362 ; Raymond de Puibusque, chevalier 1454, etc... A Auch, les Consuls : Guillaume de Galard, de Condom, 1271 ; Géraud de Galard, 1358 ; Fortanier de Polignac, à Condom, 1418, etc...

Et le même auteur ajoute : Toutes les anciennes familles briguaient l'honneur d'occuper ces fonctions ; les d'Hautpoul, les Roaix, les Toulouse considéraient l'exercice de cette magistrature comme une occasion d'ajouter une illustration nouvelle à leur ancienne illustration, d'où il suit que ces charges étaient en grand honneur puisque des races comme celles de Roaix, de Villeneuve, etc..., les exerçaient dans une toute petite ville.

Parmi ceux de Limoges on remarque le nom des familles : Martin des Monts, de Verthamond, du Boys, de Malden, de Douhet, etc., etc.

Les Consuls recevaient un traitement fixe, tous portaient l'épée (Larousse).

Ils furent créés à Guéret, le 22 Juillet 1406, par Charles de Bourbon, Comte de La Marche.

Et, pour en revenir à M. de Bogenet, parmi les Echevins de Guéret on voit en 1677, son ancêtre direct Charles Dissandes de Villecorbet, Ecuyer, Seigneur de Ville-corbet et de Neuville.

Il rendit en 1669 foi hommage au Roi pour le fief de Neuville. Son nom est inscrit aux noms féodaux (1).

Un de ses fils, Jean, Lieutenant de la Chatellenie, Conseiller du Roy, était Premier Consul de la Ville de Guéret en 1681. Il mourut la même année. On lit dans les notes de Bosvieux : « Lors de sa mort, le « Présidial avait marché en tête, tandis « que les Consuls portaient le drap mor- « tuaire ». Il fut inhumé dans l'Eglise St-Pierre et St-Paul près la porte du chœur.

Jean de Bogenet, un des fils du précédent, premier Seigneur de Bogenet, Conseiller du Roy, fut Echevin. Il épousa en 1717

---

(1) Parmi ses frères : Guillaume de Villecorbet, né sous Henri IV, marié à Isabeau **Regnault de Prugnies.**

Gabrielle, fille de A. Legrand, Seigneur de Corbillon. (Elle était cousine issue de germaine de MM. Pineau de Montpeiroux, l'un officier de la Maîtrise des Eaux et Forêts, l'autre entré aux Mousquetaires Noirs, sur la famille desquels nous aurons à revenir dans la suite). M. de Bogenet acheta à M. de Fournoux la charge de Receveur des Consignations de la Province, charge qu'il transmit à l'un de ses fils :

Jean-François de Bogenet, Seigneur de Bogenet, de Lavillatte, de Monlevade, de Balleyte et de Pionnat (1), également Conseiller du Roy et Echevin. Il était né en 1719 et avait épousé en 1740 Marie Niveau de Lagrange de Monlevadé, nièce de M. du Breuil de Ville dont nous avons déjà parlé.

---

(1) Un de ses frères eut les Seigneuries de Villecorbet et de St-Fiel. Veuf de Marie Pénichon des Bains, il épousa, en 1766, Anne du Breuil de Murat. De son premier mariage naquirent deux filles. L'une épousa : Messire Baret, Ecuyer, Seigneur de Beauvais ; l'autre Pierre Peronneau de La Rue qui fut fait baron de l'Empire en 1813.

Elle lui apporta en dot le fief de Monlevade. Parmi leurs nombreux fils deux en portèrent le nom, l'un déjà cité, entré dans les ordres, l'autre, par son mariage avec Mademoiselle Sallé, fondant la branche de Monlevade.

Jean François de Bogenet fut nommé maire de Guéret le 9 février 1790, mais voyant qu'il lui était impossible de s'opposer aux idées révolutionnaires qui commençaient à s'accentuer, il se démit de sa charge et se retira avec beaucoup de dignité. Il mourut le 10 août 1793.

Parmi ses sœurs, outre Marie Aimée dont nous avons cité le mariage; Marie Claire qui épousa M. Midre de La Chabannes et Marie mariée à M. Chorllon des Rioulx, nommons:

Jeanne qui épousa le 15 juillet 1749 Jean Peschant d'Hérédet, Seigneur de la Pouzerie (cette famille est indiquée comme originaire d'Auvergne et de noblesse d'épée) et eut un fils, capitaine des Chasses du Comte d'Artois, marié à Mademoiselle de Lafaye. Devenue veuve, Madame d'Hérédet épousa Pierre Aumeur ; leur fille Marie devint la Comtesse Ajasson de Grandsagne.

Jean François de Bogenet fit bénir en 1781 la chapelle de son château de Monlevade, par M. Jean Baptiste Laire, prêtre chanoine du Chapitre royal de Notre-Dame de la ville de Guéret, commis par Monseigneur d'Argentré, évêque de Limoges, et, dans l'acte qui fait mention de cette cérémonie, on voit que plusieurs des fils de Jean François de Bogenet y assistaient : Philippe de Bogenet et sa femme Anne de Cosnet, François de Lavillatte, Jean de Pionnat (1),

---

(1) Il était célibataire et portait le nom de Pionnat ainsi qu'il résulte de plusieurs actes, entr'autres un sur parchemin, en date du 25 avril 1781, signé Séguier Chevalier, Conseiller du Roy en son Conseil d'Etat, et l'un des quarante de l'Académie française dans lequel il est qualifié : Nobilis Dominus Joannes Dissandes de Pionnat, noble Seigneur Jean Dissandes de Pionnat.

Annet de Balleyte; et enfin sa fille Marie Pétronille (1).

La Chapelle de Monlevade et une tourelle sont les seuls restes de cette habitation qui appartient actuellement à M. de Cessac.

Madame de Bogenet avait une sœur cadette Marie Valerie, mariée en Novembre 1745, à Gabriel d'Hautefaye.

Nous donnons ci-dessous le récit d'un évènement qui faillit coûter la vie à leur descendant :

L'ainée de leurs filles ayant épousé Charles Alexandre Serciron de Labesse, du Monteil de Gelat (Auvergne) eut en dot la terre d'Hautefaye.

Par acte du 8 Mai 1806, M. et Madame Serciron de Labesse vendirent leur terre d'Hautefaye à Jean Dépagnat. En consentant cette vente ils se réservaient le droit

---

(1) Dans l'acte elle est désignée Marie Pétronille Dissandes de Balleyte. Elle épousa M. Cusinet dont le petit fils Louis (déjà cité) est avocat à Guéret.

de faire porter à leur fils ainé le nom :
« d'Hautefaye. »

Ce fils ainé, Marien Serciron de Labesse
d'Hautefaye, eut une jeunesse très ora-
geuse. Lors de l'émigration il partit dans
l'armée des Princes où il ne tarda pas,
grâce à son intrépidité et à ses talents
militaires, à conquérir le grade de chef
d'escadrons.

Après le licenciement de cette armée, il
prit part aux guerres de la Vendée. Enfin
sous le Consulat il revint dans la Creuse
et le Puy-de-Dôme, devint un des chefs du
parti royaliste, et, homme d'action, com-
manda avec M. de Gain, ancien commandeur de Paulhiac, une petite troupe de
gens armés qui prit le nom de « *Chouans
de la Marche.* »

Le matin du 13 prairial an VII (1er juin
1799) la recette de Felletin (plus de 40,000
livres) fut conduite à Aubusson sous l'escorte de deux gendarmes et de quatre
Gardes Nationaux. Elle fut attaquée dans
les bois de Châtres, au lieu dit « l'arbre de

la bonne Vierge », par une bande de 18 à 20 individus, sous le commandement de Marien d'Hautefaye ; les deux gendarmes et le sieur Etienne Durand, de Felletin, qui escortait comme Garde National, furent tués et la recette fut enlevée.

M. d'Hautefaye fut forcé de se cacher pour éviter son arrestation, et fut condamné, par contumace, par la Commission militaire de Poitiers à être fusillé, ainsi que trois autres également poursuivis comme auteur et complices.

Lorsque l'orage fut apaisé, il reparut et revint à Châtain. Sous la Restauration, à titre de récompense de ses services pendant la révolution, Louis XVIII par brevet du 20 Mars 1816, lui conféra le grade de Capitaine de Cavalerie pour tenir rang à dater du 1er Janvier 1801.

M. d'Hautefaye épousa le 2 Mai 1807 sa cousine germaine Marie Valerie Darfeuille de la Brousse.

Ce mariage fut célébré avec le consentement de Madame Veuve Gabriel d'Hautefaye, qui était absente, mais qui fut représentée par son neveu M. François de Lavillatte.

Il existe une volumineuse et intéressante correspondance que M. de Lavillatte échangeait alors avec ses deux parents M. d'Hautefaye et M. de Montagnac-Peschant.

Marien d'Hautefaye mourut à Chatain le 1er Mai 1841.

Nous arrivons maintenant au grand-père du Vicaire Général, Philippe, Seigneur de Bogenet, de Pionnat et de Balleyte, Officier de la Maîtrise des Eaux et Forêts de la Province de la Marche, Maître Particulier et Conseiller du Roy au Présidial de Guéret, né en 1741.

Il avait épousé en février 1774, Anne de Cosnet, fille de « Messire Germain Laisné « de Cosnet, Ecuyer, Seigneur de Cosnet et « autres lieux, Lieutenant du Roy en cette

« ville de Châtre, » et de défunte Dame Marie du Portail.

La famille Laisné de Cosnet de La Salle orthographiait aussi « Laisnel » — Dans le contrat de mariage, outre le nom des mariés, de leurs ascendants directs et de la plupart des noms mentionnés dans ce récit, on voit encore parmi les parents :

« Messire Laisné de La Salle, ancien « Gendarme de la Garde, frère de la mariée ; « Messire Jean-Baptiste Peyrot, Ecuyer, « Seigneur des Monnéroux, ancien Prési- « dent-Trésorier de France en Auvergne ; « Messire Guillaume Silvain Laisné, Sei- « gneur de Lesseuil, ancien Gendarme de « la Garde ; M. le Tellier, Conseiller du « Roy ; M. Germain Laisné, Seigneur de « Maremberg, ancien Gendarme de la « Garde ; Messire Joullin, Chevalier, Sei- « gneur de Noray ; M. Charles de Saint- « André, Ingénieur ; Messire Nicolas Joul- « lin, Chevalier, Seigneur du Noray ; « Messire François Joullin, Chevalier, « Seigneur du Portail, officier au Régiment

« de Châteauroux ; M. Grellet, Seigneur
« de Beauregard .. etc... etc... »

L'expédition de ce contrat de mariage a
été communiquée par M. René Desjobert
de Prahas.

Philippe de Bogenet eut une existence
mouvementée. D'un caractère généreux, il
vécut toujours en grand seigneur, dépen-
sant sans compter, aimant le luxe.

En septembre 1792 il fut porté sur la
première liste des « proscrits ».

Malgré les listes de proscription, la ville
semble être restée assez calme pendant la
fin de 1792 et le commencement de 1793,
mais l'insurrection de la Vendée et la marche
des évènements amenèrent de la convention
un redoublement de mesures révolutionnaires, et le 29 septembre 1793 un mandat
désignait les personnes « qui seront con-
signées dans leurs demeures et placées sous
surveillance ».

Parmi ces personnes se trouvaient : Philippe de Bogenet et Anne de Cosnet, sa femme; sa tante Aimée Marie, épouse du Lieutenant Général Gervais Guillon de Lavillatte-Billon ; et Madame Peronneau de la Rue, sa cousine germaine.

Et enfin le 1er nivôse an II (21 décembre 1793) un arrêté du Comité de Salut Public frappa de mandat d'arrêt Philippe de Bogenet « *pour l'insolence de sa morgue,* « *son dédain pour la Révolution, son anti-* « *pathie déclarée pour les patriotes, etc....* »
Il avait été conduit dans les bâtiments actuellement annexe de la Préfecture et qui servaient alors de lieu de détention pour les gens déclarés suspects.

Très inquiet de savoir par quelle porte il sortirait, et surtout en quel endroit le conduirait cette porte de sortie (la transportation ou peut-être la guillotine ?) il s'aboucha avec un gardien pour faciliter son évasion.

On lui demande de l'argent qu'il n'avait

pas. Il offre une obligation, et le 1er pluviôse (20 janvier 1794) devant Maître Vollant, notaire public à Guéret, il constitua au profit du citoyen Martin Philippon, curé de Gouzougnat, (prêtre assermenté) y demeurant, « absent », une rente annuelle et perpétuelle de 120 livres, moyennant 2400 livres qu'il reconnut avoir reçues.

Comment le fait fut-il connu? On l'ignore. Toujours est-il que Philippe de Bogenet resta en prison, et qui plus est, quelques jours après Madame de Bogenet fut également emprisonnée dans la maison de M. de La Rodde (aujourd'hui maison de Madame Delille, qui servait alors de prison pour les femmes).

Mesdames de Bogenet et Peronneau de La Rue, Mesdemoiselles de Nesmond, furent par la suite remises en liberté par ordre de Vernery délégué spécial de la Convention, ainsi que Messieurs de Bogenet, Geay de

Montenon (1), Pichon des Chatres et Peronneau de La Rue, qui pourtant, eux, res-
tèrent encore quelque temps en prison.

Pierre Peronneau de La Rue (2) (devenu
plus tard Conseiller à la cour de Limoges
et fait baron de l'Empire à la date du 27
janvier 1813) avait été arrêté comme suspect le 29 septembre 1793. Les motifs sont
ainsi indiqués: « Lorsqu'il fut premier
« fonctionnaire du département, il a été
« pendant tout le temps de sa gestion l'a-
« pôtre du fanatisme, l'avocat des prêtres
« insermentés, et le chaud défenseur de
« tous les aristocrates pétitionnaires. Il a
« poussé l'impudence, même pendant le
« temps de sa gestion, jusqu'à donner asile
« et à confier l'éducation de ses enfants à
« deux curés chassés de leurs paroisses par

---

(1) Famille de M. de Montenon actuellement général de cavalerie. M. Geay de Montenon était en 1789
conseiller du Roy au Présidial de Guéret.

(2) Cousin germain par alliance de Philippe de
Bogenet.

« défaut de prestation de serment, il a été
« déclaré deux fois suspect, savoir en sep-
« tembre 1792... etc... etc...»

Après sa mise en liberté, Philippe de
Bogenet se retira au château de Bogenet et
y mourut en 1809. Nous donnons plus loin
sa descendance en parlant du Château de
Bogenet.

Il avait pour frères *ayant une descendance mâle :*

1º François de Lavillatte (appelé aussi
François de Lavillatte-Bogenet) né en 1758.

2º Jean de Monlevade, né en 1760 (1).

---

(1) Les descendants de Jean de Monlevade et les
représentants de son nom sont nombreux au Brésil.
— Il avait épousé en 1786 Mademoiselle Elisabeth
Félicité Sallé dont il eut deux fils et une fille :

1º François, marié à Mademoiselle Busson de
Villeneuve, dont un fils ayant pour prénom St-Edme,
et une fille Madame de Lignac ;

2º Antoine Félix, marié à Mademoiselle de Souza,
dont un fils Jean et une fille qui épouse son cousin
de Monlevade (St-Edme) ;

3º Marie Victoire Félicité qui épouse son cousin
Eugène Gilbert Sallé dont une fille : Madame de la
Brugière.

François de Lavillatte avait épousé en 1783 Mademoiselle Marie des Bajoix (sœur de Madame Gérouille de Beauvais).

Dans ce contrat il est qualifié : Seigneur de Lavillatte, et son père : Seigneur de Bogenet.

Outre les mariés, leurs ascendants directs et de la plupart des noms mentionnés dans ce récit, on voit encore comme parents ayant signé au contrat : « Dame Thérèse « Galland, Veuve de Messire Pierre Alexis « de la Celle, Chevalier, Seigneur du Bou- « chaud ; Messire Pierre Baret, Ecuyer, « Seigneur de Beauvais ; de La Marche, « Charles André de La Garde, Peschant « d'Hérédet, etc... »

On y voit aussi figurer le nom de plu- sieurs membres de la famille du Breuil de Souvolle, famille maternelle de Madame de Lavillatte, sur laquelle M. l'abbé Lecler a fait une très intéressante étude généalo- gique qui nous a été confiée par M. l'abbé du Breuil de Souvolle.

Catherine des Bajoix, sœur de Madame de Lavillatte épousa le 25 septembre 1785, Jean Gérouille de Beauvais dont la famille fixée dans le Berry est encore représentée par les enfants issus du mariage (1858) de Paul de Beauvais et de Berthe de la Rupelle.

1° Marie-Louise, mariée au Lieutenant-Colonel de Cavalerie Leddet,

2° Joseph, Capitaine d'Artillerie, marié à Mlle du Gabbé,

3° Jeanne, mariée au Commandant d'Artillerie de la Chaise,

4° Augustin, Conseiller référendaire à la Cour des Comptes.

(Outre cette parenté par la branche de Lavillatte, et une autre alliance directe (1), la famille de Beauvais est encore, par la génération suivante apparentée à la branche de Monlevade — François de Monle-

---

(1) Avec une cousine issue de germaine du Vicaire Général morte sans descendance ; sœur de Madame Pouradier-Dutheil, qui eut deux enfants : une fille et un fils Lieutenant-Colonel.

vade né en 1789 mort en 1845, devint par son mariage avec Mlle Busson de Villeneuve, l'oncle de la Comtesse de la Rupelle, née Busson de Lavèvre, mère de Madame Paul de Beauvais.)

François de Lavillatte fut pendant de longues années, sous le premier empire et sous Louis XVIII, Président à Guéret. Il mourut le 23 Décembre 1820.

Ce fut un de ses fils, Jean, né en 1784, marié à Mlle Rocques, qui fut chargé par le Général de Bonneval de rassembler les volontaires qui composèrent la Garde d'Honneur de Monseigneur le Duc d'Angoulême à son passage dans la Creuse. (Nous avons plus haut cité son frère à propos de la famille Dronsart de Cantin.)

Ce fut également lui qui fut désigné par le même Général pour remettre l'ordre du Lys à ceux qui en avaient obtenu le brevet

(M. de Lavillatte était lui-même décoré de l'Ordre Royal du Lys.)

Voici le texte exact de la lettre de service qu'il reçut en cette circonstance :

« 11 Décembre 1817.

« Comme fourier *(sic)* je vous envoie,
« Monsieur, les brevets qui autorisent
« MM. les Gardes à cheval à porter la
« décoration du Lys, avec le liséré accordé
« à notre département par le Roy. Vous
« voudrès *(sic)* bien en faire la distribu-
« tion à ceux de ces Messieurs qui habitent
« Guéret.

« Recevès *(sic)* je vous prie, Monsieur,
« etc..., etc...

« Le Mis de BONNEVAL ».

Il eut deux fils : l'un, comme son grand-père, fut Président à Guéret, Maire de cette ville (où il eut l'honneur de recevoir Monseigneur le Duc de Nemours), et Chevalier de la Légion d'Honneur. Il mourut dans la retraite en 1885.

C'est la génération du Vicaire Général de Bogenet qui, outre le Président de Lavillatte marié à Mademoiselle Faucher et son frère Philippe de Lavillatte qui épousa Madame de Varennes (1), avait aussi pour cousins issus de germains et représentants mâles des branches existant encore de sa famille : St-Edme de Monlevade marié en premier lieu à sa cousine Mademoiselle de Monlevade, ensuite à Mademoiselle d'Olivera, et enfin Jean de Monlevade qui épousa sa cousine germaine Mademoiselle Paës-Lème.

On voit encore sur les vieilles plaques armoriées des châteaux de Bogenet et de Lavillatte les armes de la famille dont nous parlons ici ; elles sont :

Coupé : D'argent à 4 pals de gueules, chargé de deux fasces de Vair (ou deux fasces de Vair brochant sur le tout) ; au 2° :

____

(1) Madame de Varennes était née Mac Nab (famille d'origine écossaise). Elle était fille de M. Mac Nab et de Mademoiselle de Francière.

D'azur, à la licorne d'argent couchée sur une terrasse du même ;

Supports : des Levrettes ;

Cimier : Couronne de comte ou casque posé de front.

Avant sa destruction elles étaient aussi au château de Monlevade.

Le château de Lavillatte appartient actuellement à Henri (1), fils de M. Anatole de Lavillatte et de Madame née Petit-Lacombe.

Anatole de Lavillatte (2), dont nous avons mentionné, dans notre notice préliminaire,

---

(1) Qui épousa en 1898 Mademoiselle Marie-Antoinette Blanchard, fille de M. Blanchard, ancien armateur, Chevalier de la Légion d'Honneur, et de Madame née Aubert de Griviller.

M. le Docteur de Lavillatte et M. Alexandre de Mazade signèrent comme témoins, ainsi que les deux oncles de Madame de Lavillatte : M. le comte de Maigret, vice-amiral, grand officier de la Légion d'honneur, commandant actuellement en chef l'escadre de la Méditerranée, et le Général Léger, commandeur de la Légion d'honneur.

(2) Il avait pour frères Emile et Jules, tous deux célibataires.

l'honorable disgrâce en 1879, est l'arrière-petit-fils de François de Lavillatte et de Marie des Bajoix.

Madeleine de Lavillatte, sœur d'Henri, épousa en 1891 M. Dartige, fils de l'ancien Président de Limoges qui se retira au moment de la suspension de l'inamovibilité de la Magistrature, et de Madame, née Mourellon. — Il est le cousin germain du Capitaine de Vaisseau Dartige du Fournet, veuf de Mlle Vauquelain de La Rivière et du Lieutenant de Vaisseau Dartige du Fournet, marié à Mlle de Lorgeril.

Nous ne pouvons laisser passer ici le nom des Dartige sans signaler leur double parenté avec les Cardinaux d'Arfeuille : 1° par le mariage du père du président avec Mlle d'Arfeuille, 2° par celui de son frère M. Dartige du Fournet (père des officiers de marine) avec sa cousine, également de la famille d'Arfeuille, de laquelle on cite :

Aymar d'Arfeuille, Chevalier, Maréchal du Pape Innocent VI, 1371.

Nicolas d'Arfeuille, Cardinal en 1382.

Jean François Charles d'Arfeuille, marié à Madeleine de la Roche-Aymon.. etc.. etc.

Le Château des Marquis d'Arfeuille est situé aux environs de Felletin.

Le Château de Bogenet appartient actuellement à Madame Duclos, née de Gentil de Rosier, Veuve de M. Michel Duclos, fils d'une sœur du Vicaire Général.

Madame Duclos et ses enfants, M. Desjobert de Prahas et Madame Desjobert de Prahas (1), continuent autour d'eux les traditions de charité qui faisaient aimer et vénérer M. de Bogenet de tous ceux qui avaient le bonheur de le connaître.

Le nom du fief de Bogenet s'est écrit aussi Boisgenest, Bosgenest, Beaugenest, Bostgenest et enfin Bogenet.

----

(1) Sœur de Madame de Boisse, décédée.

On ne peut, d'après le style du Château, assigner une date fixe à sa construction. Il se compose de deux immenses corps de bâtiments réunis entre eux par une tour. Devant se trouve la cour d'honneur. Les toits de ces bâtiments sont bien coupés comme l'étaient ceux du règne de Louis XIII, mais la tour semble plus ancienne; puis les vieux manoirs de la Marche furent si souvent retouchés, refaits, agrandis qu'ils représentent plutôt une succession d'époques qu'une époque elle-même.

Bogenet appartint d'abord aux Comtes de La Marche, antique famille de laquelle était Gabrielle de La Marche, fille de François de La Marche et de Marie de Maussabré (mariée à François du Breuil, Chevalier et Seigneur de Souvolle) dont nous avons parlé à l'occasion du mariage de sa nièce Madame de Lavillatte.

Puis les Martin de Biencourt, et enfin au commencement du règne de Louis XV, Jean Dissandes de Bogenet en devinrent successivement propriétaires.

Le château de Bogenet, au XVIIIᵉ siècle, était un peu délaissé. Jean-François de Bogenet de Lavillatte, fils de celui que nous citons ci-dessus, lui préférait son château de Monlevade, situé à quelques kilomètres de Guéret.

Il suffit d'ailleurs de parcourir la route pittoresque qui, de nos jours, conduit à Bogenet pour se rendre compte des difficultés qu'on devait rencontrer, à une époque où les communications étaient si difficiles, avant d'arriver à cette antique demeure entourée d'arbres séculaires dont la mélancolie fait songer à un paysage d'Ecosse.

Mais, après la pénible captivité qu'ils subirent sous la Terreur, Philippe de Bogenet et sa femme allèrent habiter ce vieux manoir, ne demandant sans doute après les orages dont ils avaient été victimes que la tranquillité et le droit de garder avec vénération dans leur cœur le culte de leur Dieu et le respect du souvenir de leur Roi.

Ils transmirent ce château et la terre à

leur fils Jean de Bogenet, né en 1775, le père du Vicaire Général.

Nous voyons dans les notes que nous devons à l'obligeance de M. Desjobert de Prahas : M. de Bogenet (1) (père du Vicaire Général) était un royaliste ardent. Lors des Cent-jours il se disposait à partir pour combattre sour les ordres du Roi, quand arriva soudain la nouvelle de l'entrée de Napoléon à Paris.

En 1830, M. Descombes et lui aidèrent à réprimer à Ajain un mouvement en faveur

------

(1) Madame de Bogenet, née Bazennerye, était fille d'un Conseiller à la cour de Limoges. Le père du Vicaire Général, parmi ses frères et sœurs avait : Germain, né en 1776, qui portait le nom du fief de Balleyte, et Marie-Etiennette sur laquelle nous reviendrons plus loin.

Germain Dissandes de Balleyte épousa Marie Laisnel de la Salle. Un de ses petits-fils M. Alfred Lasnier, dont le frère porte aussi le prénom de Germain, habite Guéret. M. Lasnier était Conseiller à la Cour de Riom, lorsque fut votée la loi de 1883 enlevant l'inamovibilité de la Magistrature. Il fut victime de la loi, et mis à la retraite avant l'âge en même temps que son premier Président et plusieurs autres Conseillers de la Cour de Riom.

de la révolution qui mit Louis-Philippe sur le trône.

Le château de Bogenet possédait autrefois une chapelle, comme il résulte d'un acte du 12 Octobre 1737. « *Les fief et Sei-* « *gneurie de Boisgenest* (ancienne ortho- « graphe) *consistant en château, chapelle,* « *près, clotures, deux domaines, et rente* « *sur le village de Villechaud, près Pion-* « *nat...* » mais elle doit être désaffectée depuis longtemps, car c'est dans la grande salle du premier étage du château et non dans la chapelle que l'Abbé Augustin Pineau de Montpeiroux, célébra en 1800 le mariage de son neveu Pierre-Jean-François, fils de Benoit-Nicolas Pineau de Montpeiroux avec Marie-Etiennette de Bogenet (1), fille de Philippe de Bogenet et nièce de François de Lavillatte et de Jean de Monlevade.

---

(1) Un de leur fils Adrien épousa sa parente Claire Dissandes de Balleyte, une des filles de Germain de Balleyte et de Marie de La Salle, dont : Maurice et Madame Chantrelle.

Voici en cette circonstance ce qu'écrivait l'abbé Pineau de Montpeiroux :

La Châtre, 15 Décembre 1800.

« Mon cher frère, je me rendrai à votre
« invitation, mais je ne crois pas pouvoir
« faire ce que vous semblez exiger de moi.
« Je ne suis nullement approuvé par le dio-
« cèse de Limoges, et d'après le Concile de
« Trente reçu en France, en ce qui con-
« cerne cette partie, il n'y a que le propre
« curé des parties contractantes ou l'évêque
« diocésain qui puisse recevoir un sacre-
« ment de mariage. Il n'y a pas à Pionnat
« de prêtre « légitime ». L'Evêque est absent,
« mais il a laissé des grands vicaires. Il

Les Pineau sont originaires du Berry. Dès le XVIe siècle ils se divisèrent en trois branches : L'ainée devenue Poitevine, dont un membre Conseiller au Parlement de Paris eut la seigneurie de Viennet et la baronnie de Lucé ; la seconde resta en Berry ; la troisième s'établit à Guéret vers la fin du XVIe siècle. L'aveu du fief de Montpeiroux fut fait, en 1717, par Pineau, Ecuyer, Seigneur de Montpeiroux.

« faut s'adresser à Limoges et obtenir la
« permission que je recoive les futurs à la
« bénédiction nuptiale et demander en
« même temps la dispense des bans et des
« fiançailles. Il faut vous observer que je
« ne fais rien en public, et par conséquent
« demandez aussi la permission de les ma-
« rier dans une chambre. Voilà donc où
« nous a conduits la révolution !...

Signé : A. Pineau de Montpeiroux.

La dispense fut accordée et l'abbé Pineau
de Montpeiroux put célébrer un mariage
qui resserrait les liens de deux familles déjà
apparentées dans le passé par le mariage,
en 1717, de Jean Dissandes de Bogenet
avec une cousine issue de germaine de Michel (1) et de François Pineau de Montpeiroux (2).

---

(1) Officier de la maîtrise des Eaux et Forêts.

(2) Il mourut aux Mousquetaires Noirs, en 1747.

Pierre Jean François fut plus tard décoré de l'ordre Royal du Lys et eut son brevet contresigné par le duc d'Aumont premier gentilhomme de la Chambre.

L'ordre du Lys avait été institué en 1814 par le Comte d'Artois, Lieutenant général du royaume. L'insigne était une fleur de Lys en argent surmontée de la couronne royale. Ruban blanc argent.

MONSIEUR DE BOGENET

« Parmi les grâces que le Bon Dieu accorde, disait M. de Bogenet, il faut mettre au premier rang celle d'avoir une mère chrétienne. J'ai connu ce bonheur. C'est ma mère qui m'a inspiré une grande dévotion à la Sainte Vierge. Elle m'a appris les prières et aussi le *Salve Regina*, que j'ai récité dès mon enfance. »

Cette mère si pieuse, le Vicaire Général la conserva longtemps car Madame de Bogenet vécut jusqu'à quatre-vingt-seize ans. Elle mourut au château de Bogenet le 20 février 1873 : « Je n'ai plus de mère sur la terre ! écrivait-il à Madame la Supérieure Générale du Sauveur, vous savez déjà cette nouvelle. Priez et faites prier. Je partirai dans la nuit de vendredi pour me rendre à l'enterrement. Je vous bénis et réitère mes sentiments dévoués en J -C. »

L. D. DE BOGENET.

Du foyer chrétien de la famille, Léopold de Bogenet passa sous la direction de **M.** Descombes (premier supérieur du Petit Séminaire d'Ajain) qui recevait alors dans son presbytère quelques jeunes gens du voisinage. Il a été par conséquent l'un des premiers élèves du Curé d'Ajain et a assisté à la fondation du Séminaire.

Nous aurions désiré donner des détails sur le séjour de quelques années qu'il y fit, et **M.** le Chanoine Dardy, professeur à Ajain, dans les œuvres duquel nous puisons le renseignement ci-dessus, avait bien voulu se mettre à notre disposition pour ces recherches. Mais les archives ne remontent qu'à 1821 et les contemporains de M. de Bogenet (qui aurait aujourd'hui quatre-vingt-dix-sept ans) étant bien rares, il nous a fallu y renoncer.

Léopold de Bogenet fit ses classes de rhétorique et de philosophie au collège royal de Limoges. C'était alors exigé pour passer les examens de baccalauréat. Là il connut Adolphe Jouhanneaud, Alphonse de Peyramont, Emile Pouyat, Jean Lézaud, Malevergne qui jamais n'oublièrent leur ami d'enfance, pas plus que lui ne cessa de s'intéresser à leurs âmes et de chercher à leur faire du bien.

Il passa au château de Bogenet les années 1823 et 1824, puis il partit pour Paris. Il fut reçu à son premier examen de droit le 29 décembre 1825. Il subit le quatrième et dernier examen le 24 avril 1827 et eut quatre boules blanches.

Restait la thèse dont on n'a aucun détail.

Il aimait à rappeler, qu'étudiant ou avocat, il avait toujours su demeurer chrétien et forcer au respect et à l'estime ceux qui ne partageaient pas ses croyances et ses pratiques religieuses.

Il désirait rester à Paris pour faire un stage et s'y instruire davantage, il avait de l'ambition et voulait, écrivait-il, occuper le premier rang au barreau.

M. de Bogenet père, voulut qu'il quittât Paris, et aussitôt, en fils soumis, il revint dans la Creuse.

Voici un fait qui a été raconté par un Guérétois, M. l'abbé Vincent, actuellement Curé de Saint Bonnet en Limousin, à Mme la Marquise de Bagnac, et qu'elle a bien voulu nous communiquer.

Un jour, M. de Bogenet, qui était alors avocat au tribunal de Guéret, rencontra en s'y rendant, M. le curé qui portait le Bon Dieu à un malade. Ayant sous son bras sa serviette d'avocat, il suivit le Saint Sacrement, assista à la pieuse cérémonie, puis se rendit à son poste. Le président lui dit : « Eh bien ! Monsieur de Bogenet, vous qui êtes ordinairement si exact vous nous faites attendre aujourd'hui ? » — « C'est vrai Monsieur le Président, répondit-il, mais, chemin faisant, j'ai rencontré mon maître et le vôtre, et je l'ai suivi. »

Néanmoins Monsieur de Bogenet appréciait le théâtre qui lui plaisait beaucoup ; jusqu'à la fin de sa vie il aima à parler de Talma et en août 1897 il déclamait encore avec enthousiasme devant sa famille et les religieuses du Sauveur :

Si nous savions, mon fils, à quel prix il la donne
Nos mains se sècheraient en touchant la couronne

(HAMLET acte II)

Quoique prenant part aux fêtes du monde avant d'être entré dans les ordres, déjà il se scandalisait des mises insuffisamment convenables, contre lesquelles il devait tonner plus tard et notamment en 1888.

A Guéret, il se posa nettement en chrétien ; dans une réunion un peu nombreuse il eut occasion de s'expliquer au sujet du maigre et depuis ce temps personne ne fit plus attention à ses habitudes religieuses.

— *Il examinait toujours ses causes avant de les accepter et les refusait si elles lui paraissaient contraires au bon droit.*

Du reste il aimait la lutte et disait plus

tard que s'il fût resté au barreau il serait entré volontiers dans la carrière politique.

Toujours il garda des rapports affectueux et nombreux avec M. Descombes qui, disait Madame de Bogenet, l'avait toujours dirigé et aidé de ses conseils au moment où il prit sa grande détermination.

S'il eût voulu continuer à suivre la voie dans laquelle il s'était engagé, un avenir brillant s'offrait au jeune avocat et la Magistrature eût ouvert toutes grandes ses portes à un homme de la valeur du futur Vicaire Général.

Au tribunal de Guéret, à la cour de Limoges où son grand-père maternel avait été conseiller, il commençait à se faire connaître ; mais Dieu le destinait à défendre une plus sainte cause, à proclamer de plus sublimes vérités. Il devait être prêtre.

Il y eut dans sa vie un accroissement de piété au moment du Jubilé de 1825, époque disait-il de sa *Conversion*. Peut-être est-ce là l'origine de sa vocation ? D'après ses lettres on peut voir qu'il a hésité trois ans et plus... Il écrit qu'il prit son parti le 15 Août 1833, et attribue cette grâce à la Sainte Vierge.

« Il parlait un jour, nous a raconté une de ses parentes, Mademoiselle de Lavillatte (1), avec M. le curé Pic, de Guéret, des vocations religieuses, et il lui soumit son cas à l'improviste :

— Et moi aussi, M. le Curé, dit M. de Bogenet, savez-vous que j'ai pensé et que je pense encore à me faire prêtre, qu'en dites-vous?

— Vous, mon cher ami, que me dites-vous là ? A votre âge, vous qui avez fréquenté le monde, qui avez un beau nom et l'avenir devant vous, entrer dans les ordres ! Voyons, vous m'étonnez !

---

(1) Mademoiselle de Lavillatte, cousine issue de germaine de Monsieur le Vicaire Général de Bogenet, est morte à Châteauroux en 1901.

— Ne soyez pas étonné, M. le Curé, j'ai longtemps réfléchi à cette idée, j'hésite encore, je l'avoue, mais ce que je vous dis est très sérieux, vous savez quel prix j'attache à vos conseils, je vous prie d'y réfléchir de votre côté, et, si vous le permettez, je reviendrai me confier à vous dans quelques jours.

« Ainsi fut-il fait. Quelques jours après M. de Bogenet retournait chez l'archiprêtre.

— Eh bien ! M. le Curé, avez-vous pensé à l'idée que je vous ai soumise; quelle est votre opinion ?

— Oui, mon cher ami, j'y ai pensé et mon opinion la voici : Un homme comme vous, un homme de votre âge, de votre condition, de votre mérite, qui a connu le monde et qui se sent le courage d'y renoncer pour se donner à Dieu, se sent appelé par une vraie vocation, partez pour le Grand Séminaire.

— Merci, M. le Curé, j'hésitais encore hier, encouragé par vous je n'hésite plus aujourd'hui, ce n'est pas demain, c'est ce soir que je partirai. »

. . . .

M. de Bogenet père, accueillit tout d'abord ce projet avec regret, et Madame de Bogenet elle-même, malgré sa grande piété, lui fit une vive opposition.

Tout réussissait alors à Léopold de Bogenet : Intelligence, jeunesse, talent, réputation, fortune, situation de famille, avantages physiques, tout faisait espérer à ses parents, qui pour leur fils avaient rêvé sans doute les gloires humaines, un brillant établissement, et la pensée de le donner à Dieu ne fut pas acceptée sans combat.

Mais le futur Vicaire Général avait déjà l'indomptable énergie que tous lui ont connue, il emprunta l'argent nécessaire à un de ses parents (1) et, le 1ᵉʳ Octobre 1833, il entrait au Séminaire de Saint-Sulpice à Paris.

------

(1) M. Silvain Lasnier, devenu par son mariage avec Mlle Clémence de Balleyte cousin germain du Vicaire Général.

Le même jour arrivait au Séminaire un jeune Sulpicien du même âge que M. de Bogenet, on le donna comme directeur au nouveau Séminariste.

C'était M. Icart, mort en 1893, Supérieur Général de St Sulpice.

Toute sa vie il garda la plus affectueuse estime pour son premier « dirigé » et souvent dans ses lectures spirituelles, quand il voulait donner un exemple de vie sacerdotale dignement remplie, il citait le nom de M. de Bogenet.

Durant son séjour au séminaire, Léopold de Bogenet fut très malade et soumis, sur les conseils de Récamier, au régime de l'alimentation froide. Il attribua sa guérison à la Sainte-Vierge.

A la fin de l'année 1836, il était ordonné prêtre, et il célébrait sa première messe dans une petite chapelle du Séminaire, assisté de M. Icard. Le servant était un jeune séminariste Limousin, M. Thézard, qui plus tard devait devenir aussi Vicaire Général.

Au séminaire, M. de Bogenet se livra avec ardeur à l'étude de la Science sacrée : « *Je ne voulus pas, disait-il, être catéchiste, pour pouvoir me donner tout entier à la théologie et en acquérir une connaissance suffisante.* »

Cette préoccupation de donner à sa parole un fond de doctrine sûre et précise le suivit toujours et, même dans les derniers temps de sa vie, il cherchait à se tenir au courant des questions actuellement agitées qui pouvaient intéresser la religion.

A son retour de Paris, l'abbé de Bogenet fut choisi par Monseigneur de Tournefort comme secrétaire particulier. Le pieux prélat comprit vite la valeur de l'auxiliaire que la Providence lui envoyait et, malgré sa jeunesse, il le nommait Vicaire Général le 8 Décembre 1837. Il voulut aussi le nommer Chanoine, mais, en raison de son jeune âge, celui-ci le pria de ne point lui donner ce titre.

Le Vicaire Général de Bogenet était alors

ordonné prêtre depuis moins d'une année et n'avait que trente-deux ans.

Il aimait à rappeler quelques anecdotes de ses débuts : « Quand j'étais jeune prêtre, disait-il, Monseigneur de Tournefort m'avait fait entrer au conseil composé de personnes vénérables, comme j'avais été avocat, je disais rondement ma pensée et sans me faire prier. On me fit remarquer que je devais avoir plus de prudence et ne pas parler d'une façon aussi tranchée. Eh bien ! j'ai eu à travailler sur ce point. Croyez-vous qu'il ne m'en a pas coûté ? »

A la mort du Prélat, M. de Bogenet fut nommé Vicaire Capitulaire et chargé d'administrer le diocèse pendant l'intérim.

Il eut, déjà à ce moment, maille à partir avec le monde officiel. Voici dans quelles circonstances :

Pour les funérailles de l'Evêque on réunit toutes les autorités dans le grand salon de l'Evêché qui n'avait pas été ouvert pendant toute la durée de la maladie de Monseigneur de Tournefort.

Dans la boiserie artistique de ce salon il y avait des panneaux où étaient enchâssés depuis longtemps les portraits des souverains de la branche aînée des Bourbons, alors que l'on était gouverné par la branche cadette des d'Orléans.

L'assemblée officielle crut devoir se scandaliser à la vue de ces portraits.

Ne pouvant blâmer Monseigneur de Tournefort puisqu'il n'était plus, on s'acharnait sur Monsieur de Bogenet, disant, qu'en conservant les portraits des Bourbons il provoquait le nouveau gouvernement.

M. de Bogenet qui rencontrait quelques jours plus tard un des témoins du fait, celui-là même qui a l'obligeance de nous le communiquer, lui disait : « Ont-ils fait du bruit pour ces portraits ! ! » — « Ils ont fait du zèle à vos dépens, lui répondit son interlocuteur, mais ils se calmeront avec le temps ; ces tableaux n'étaient d'ailleurs que des souvenirs historiques. »

Cette question fut du reste définitivement tranchée ; le nouvel Evêque, Monseigneur Buissas, une fois installé, s'entendit avec l'architecte diocésain qui fit substituer à ces portraits politiques ceux d'anciens évêques du diocèse et fit placer en tête celui de Saint Martial, apôtre de l'Aquitaine.

M. de Bogenet du reste, très aimé des catholiques de Limoges et du diocèse, était toujours un objet d'inquiétude pour le monde officiel à cause de ses vertus et de son zèle apostolique. On préfère le prêtre qui ne parle pas alors qu'il est le disciple du Verbe ! quelle inconséquence ! On désirait vivement pour lui l'épiscopat, parce que ses mérites l'y désignaient d'abord, puis on eût voulu aussi éloigner de Limoges ce terrible adversaire.

Mais, comme nous l'avons dit dans sa lettre à mère Thérèse de Roffignac, citée dans notre notice préliminaire, il était absolument résolu à rester dans son diocèse.

En 1850 il fut nommé Evêque de la Réunion. Il refusa.

Il refusa également l'Evêché de Grenoble.

Voici une autre lettre qu'il écrivait à Mère Thérèse de Roffignac et qui accentue sa résolution :

« Ma chère fille en J.-C.

« Je n'avais pas encore entendu parler du projet d'épiscopat en *Chine*, aussi je n'ai pu m'empêcher de rire en lisant votre lettre et celle de sœur Saint-Augustin. N'écoutez pas tous ces bruits. Ce qui doit pleinement vous rassurer c'est que je n'ai l'intention d'accepter l'épiscopat ni en Chine ni ailleurs (1). »

Les fonctions de Vicaire Général furent conservées à M. de Bogenet, par Monseigneur Buissas, Monseigneur Desprez,

---

(1) Peu de jours après, cette lettre datée du 1er Juillet 1850, M. de Bogenet était nommé Evêque, non pas en Chine, comme le bruit en avait couru, mais à la Réunion.

Monseigneur Fruchaud, Monseigneur Duquesnay.

En 1881 Monseigneur Lamazou fut nommé Evêque de Limoges, mais le gouvernement ne voulut plus agréer Monsieur de Bogenet qui fut alors Doyen du Chapitre et Vicaire Général Honoraire, dignités qu'il conserva jusqu'à ses derniers jours.

Sept fois, de 1844 à 1886, il fut nommé Vicaire Capitulaire par le Chapitre.

Monsieur de Bogenet était merveilleusement doué pour les hautes fonctions qu'il a remplies. Sa vigueur physique et morale, son énergie, son ardeur, son sens très droit, un heureux ensemble de qualités morales et intellectuelles, bien harmonisées et pondérées faisaient de lui un de ces hommes créés pour conduire les autres.

Si l'on voulait chercher parmi les vertus de M. de Bogenet celle qui a le plus dominé sa vie, il faudrait nommer avant tout autre l'esprit de foi.

Le 8 avril 1840, il écrivait de Limoges.

« Mon enfant,

« Votre situation envisagée d'après les maximes de la foi est digne d'envie. Si J.-C. avait cru qu'il y eût pour l'homme quelque chose de meilleur que la Croix, il ne l'eût point choisie pour racheter le monde et pour être le partage de ses disciples. Le serviteur peut-il se plaindre d'être appelé à partager la condition de son maître ?...... Que faire dans votre position ? Abandon entier entre les mains de Dieu et union avec J.-C. crucifié...

« Je ne crois pas qu'il y ait autre chose à faire. La foi doit vous soutenir. Elle vous apprend que Dieu ne vous laissera pas tenter au-delà de vos forces, qu'il ne vous abandonnera pas, qu'il vaut mieux être sur la Croix avec Jésus que dans les joies des consolations. Que la Croix de J.-C. a été bien autrement pesante que la vôtre. Ne l'oubliez pas, c'est la foi qui nous fait triompher du monde. Tenez-vous en paix et espérez. »

L. D. DE BOGENET.

Ce chrétien, ce prêtre s'était dit qu'il avait à sauver son âme, à sanctifier ses frères, à faire glorifier Dieu, et avec la mâle énergie de sa nature, il allait droit au but, sans prendre garde aux obstacles, sans être arrêté, même un instant, par les choses humaines.

Il fallait le voir dans les rues de Limoges, son long chapelet à la main, égrenant les Ave Maria, ou dans les pélerinages, à Sauvagnac, à Lourdes, faisant dire la prière. Il fallait l'entendre dirigeant l'office, en scandant les syllabes de ce ton convaincu qui semblait devoir en imposer à Dieu lui-même. Dès son : *Deus in adjutorum*, on sentait l'ardeur et la foi de sa prière.

On se souvient encore avec quel accent il parlait des pauvres pécheurs, de l'Eglise, du pays ! et cette prière de Pie IX pour la France, comme il savait la réciter !

Madame la Supérieure Générale des Sœurs du Sauveur de la Souterraine a eu la bonté de nous faire adresser les notes suivantes sur M. de Bogenet :

« Monsieur l'abbé de Bogenet prononçait les paroles du Credo avec un accent de foi vive qui nous pénétrait et il disait l'oraison pour le Pape avec un accent qui venait du cœur.

« Son esprit de prière était admirable. Il avait coutume de faire une grosse demi heure d'actions de grâce après sa messe. Ce devait être chez lui une résolution arrêtée car il ne s'en départait pas.

« Quelques sœurs arrivées le matin, devaient repartir dans la matinée, elles désiraient vivement voir Monsieur l'abbé de Bogenet, qui disait la Messe de huit heures à l'autel de l'archiconfrérie. Elles vont chez lui, il est absent.

« La tourière de notre communauté de Sainte Marie, leur dit : Restez-là, je vais aller le chercher. Elle se rend à la Cathédrale. Monsieur le Vicaire Général allait achever sa messe : Elle va trouver le sacristain et le supplie de faire dire par l'enfant de chœur à Monsieur l'abbé de Bogenet qu'il est attendu chez lui et que cela presse. A peine le Saint Sacrifice achevé, l'enfant fait la commission. Monsieur le Vicaire Général réfléchit un instant :

— Petit, va voir chez moi et reviens me dire si c'est ma maison qui brûle ? Et il vient se mettre à genoux devant la Vierge tant aimée, il y resta là une demi-heure, après quoi il se rendit chez lui et dit aux sœurs qui l'attendaient : « Je serais un gros nigaud si je négligeais la prière, et si après avoir prêché les autres je venais à me damner ».

« Dans une autre circonstance Monsieur l'abbé de Bogenet fut aussi ferme, et il fit preuve d'une grande patience.

« Il avait présidé la réunion mensuelle des jeunes Economes de Marie et il venait de prendre place sur un prie-Dieu dans le chœur pour faire son action de grâce.

« L'une des jeunes économes de Marie, qui n'avait pu se confesser avant la messe, désirait le faire, recevoir la Ste Communion et rentrer chez elle le plus tôt possible. Elle pria la Présidente de l'œuvre, Mlle Noëmi Benois du Buy, de demander à

Monsieur l'abbé de Bogenet de passer au confessionnal. La charitable présidente qui ne savait rien nous refuser, accepte la mission d'avertir Monsieur l'abbé de Bogenet, bien qu'elle fût retenue par le respect et par la crainte de le déranger.

« Elle s'approche et bien doucement : — Mon père, Mlle N. qui est pressée de rentrer chez elle, vous prie d'avoir la bonté de la confesser — Oui, ma pauvre enfant, oui — mais il ne bouge pas — Quelques minutes après, même demande — même réponse, et même immobilité. Ceci s'est renouvelé au moins trois fois, sans que Monsieur le Vicaire Général témoignât la moindre impatience ; *mais aussi sans qu'il laissât son action de grâce.*

« La demi heure écoulée, il va au confessionnal, puis à la Sacristie où il plaisante aimablement Mlle Noëmi Benois du Buis (1)

---

(1) Dans les notes qui nous ont été confiées, le nom est écrit une première fois *du Buy*, une seconde *du Buis*. Nous avons tenu à ne rien changer.

sur une soi-disant Bretonne qui prétendait vouloir se convertir et qui voulait s'adresser à Monsieur l'abbé de Bogenet. Elle lui avait été recommandée par Mlle Noëmi : Elle est bien élégante, dit-il, pour une personne qui veut faire pénitence. Elle m'a dit qu'elle ne faisait pas ses Pâques, je lui ai répondu : *Les Bretonnes se confessent et communient.*

M. de Bogenet montrait une grande patience dans toutes les circonstances, même pour des causes enfantines.

Une des sœurs du Bon Pasteur nous écrit: « Mon père, dont M. l'abbé de Bogenet était le directeur, allait se confesser tous les quinze jours et me racontait souvent des traits de sa charité. Une fois il l'avait trouvé faisant le catéchisme à un petit garçon et il avait appris que, malgré ses nombreuses occupations, M. le Vicaire Général faisait le catéchisme à son enfant de chœur pour le préparer à sa première communion ».

Une autre fois, mon père me dit : « Si je meurs après M. de Bogenet, je veux déposer dans le procès de sa canonisation, et je dirai la patience dont il a fait preuve aujourd'hui.

« Plusieurs Messieurs et moi attendions dans le petit salon notre tour d'entrer dans son cabinet dont la porte ouverte laissait arriver jusqu'à nous la voix d'une femme pauvre à laquelle, je viens de l'apprendre, il paye le loyer de sa maison et le boulanger, il a fait entrer sa fille à l'ouvroir des sœurs de Saint Vincent de Paul.

« Cette femme, qui doit tout à M. de Bogenet, lui fit une scène qui dura au moins une heure, sous le futile prétexte que la religieuse chargée de l'ouvroir a fait quitter la crinoline de sa fille pour lui donner le costume de ses compagnes... Et pendant une heure Monsieur l'abbé de Bogenet écouta les cris de colère de cette pauvre femme avec une patience infinie et en essayant de la calmer. »

Une autre fois mon père me dit : « On ne

saura jamais toutes les charités que fait M. de Bogenet, il ne refuse jamais rien, on le sait, on en use et on en abuse.

« C'est une procession continuelle à sa porte... C'est une femme qui demande de quoi payer son loyer.'... C'est un enfant qui vient demander deux francs cinquante pour acheter une paire de sabots... C'est un petit garçon qui voudrait quelques sous pour acheter un couteau. . etc... etc... Je me suis permis de représenter à M. le Vicaire Général qu'il était souvent trompé, il m'a répondu en souriant : « *Notre Seigneur auquel je fais la charité ne me trompera pas.* »

Un chrétien qui l'a beaucoup connu et aimé, nous dit quelle importance il attachait à la célébration d'une messe.

Depuis son ordination, il ne croyait pas avoir manqué de célébrer plus de trois ou quatre fois, ne reculant pas devant les plus grandes fatigues tant il attachait d'importance à cette cérémonie pour le salut de la France.

Les pélerins de Lourdes n'ont pas oublié que jusqu'en ses derniers temps, après avoir passé la nuit en wagon, il venait au retour vers midi dire sa messe à la cathédrale.

Son zèle pour la sanctification du dimanche était des plus ardents.

Il écrivait le 12 décembre 1881.

ÉVÊCHÉ DE LIMOGES.

« Chère fille en J.-C.

« Nous avons à Limoges, jusqu'à mercredi, M. de Cissey l'apôtre du dimanche.

« Sa visite à la Souterraine pourrait être utile pour le développement de l'œuvre du dimanche soit chez vous, soit dans la ville.

« Je vais écrire à M. le curé ; quant à vous je désire savoir si vous regardez sa visite comme utile aux clercs et à la communauté et si le jour vous est indifférent.

« Pour pouvoir régler son itinéraire, ou envoyez-moi une dépêche qui ne contiendra que ce mot : *oui*, et au plus l'indication du jour préféré; ou une lettre qui me parvienne demain.

« Il faudra éviter tout ce qui pourrait donner aux réunions un caractère de publicité.

« Je répondrai plus tard à la lettre de Mère Stanislas et aux questions proposées par l'intermédiaire de Mère St-Jérôme.

« Je n'ai que le temps de vous bénir et de vous saluer en J.-C.

« L. D. DE BOGENET ».

Limoges le 14 Décembre 1881.

« Chère fille en J.-C.

« M. de Cissey partira par le train de midi 39. Envoyez à la gare pour le prendre et le conduire chez vous. Il vous donnera la soirée. Préparez-lui les voies et profitez de ses paroles et de sa présence pour donner à l'œuvre du Dimanche un mouvement considérable et durable.

« Il dinera avec moi avant de partir. J'ai écrit à M. le curé en même temps qu'à vous;

je n'ai pas encore reçu de réponse. M. de Cissey fera bien de ne pas aller à la paroisse si on ne vient pas l'inviter.

« Le zèle devra vous conseiller de le faire prévenir de l'arrivée de M. de Cissey à la communauté ; mais de manière à ne pas laisser croire qu'on veut imposer M. de Cissey, qui ne va chez vous qu'à cause de votre lettre pressante et qui ne s'impose nulle part.

« Comme ma présence ne me paraît pas nécessaire, je ne dois pas oublier que les saints Canons prescrivent d'une manière plus stricte la résidence aux Chanoines pendant l'Avent et le Carême. C'est un sacrifice au devoir que je fais en n'accompagnant pas cet excellent chrétien.

« J'ai été très consolé des détails que vous m'avez donnés sur la fin de la vie terrestre de sœur St Frédéric. Elle a reçu de grandes grâces et a rendu son âme à Dieu dans des dispositions consolantes. Je me suis empressé de dire la messe pour cette âme : C'est une grâce éminente dont il faut remercier Dieu, le Cœur de Jésus, le Cœur de Marie et les Anges et Saints qui ont donné leurs concours.

« Je vous bénis ainsi que la chère famille et vous renouvelle tous mes meilleurs sentiments en J.-C.

L. D. DE BOGENET.

« M. de Cissey se détermine à partir par le train de 8 h. 23 m. C'est lui qui vous remettra ma lettre.

21 Décembre 1881.

M. de Cissey est parti embaumé de La Souterraine, vous l'avez profondément édifié et consolé. »

L. de B.

Combien de prières M. de Bogenet, en cette vie active de soixante années de sacerdoce, a-t-il faites et provoquées ? Et avec quel tact, avec quelle délicatesse il savait comprendre les invocations à la portée des petits !

Laissons plutôt la parole à J. de La Faye, (*l'Abbé de Cessac, page 129*).

« Il, (l'abbé de Cessac) dit l'éloquent historiographe du vénérable ecclésiastique qui fut si longtemps archiprêtre de Guéret, il avait retrouvé à Chénerailles, une ancienne coutume qui avait ravi ses jeunes années, celle d'aller après vêpres, chaque Dimanche de Janvier, chanter devant la Crèche, les litanies de la Sainte Enfance.

« Or ces litanies ne sont pas liturgiques, ce qui n'empêcha pas le nouveau curé de maintenir cette prière si chère à ses paroissiens, et comme par le passé, enfants et parents, vinrent se grouper devant la crèche en chantant de tout leur cœur : *Libera nos infans Jesus.*

« Cette prière doit plaire à notre Seigneur, répétait l'abbé de Cessac, avec cette bonté compatissante pour les petits et les humbles, dont le divin Maître nous a laissé tant d'exemples dans son Evangile.

« Mais il arriva qu'au moment de Noël, un des Vicaires Généraux de Limoges, M. de Bogenet, le plus éminent des prêtres du diocèse, par sa science, son éloquence, sa situation de famille et la sainteté de sa vie, se trouvait à Chénerailles où le nouveau curé lui avait demandé de donner une mission — mission qui du reste eut un grand succès et suscita de nombreuses conversions. — L'abbé de Bogenet, le vieil ami de la famille de Cessac (1), était heureux de se mêler à ces réunions du soir qui groupaient les frères et la sœur autour de leur mère.

Dans la conversation toujours sérieusement orientée, on en vint à parler de la traditionnelle cérémonie devant la crèche :

« Mais, mon cher curé, s'écria l'abbé de Bogenet, vos litanies ne sont pas permises !

« Monsieur le Vicaire Général, répondit l'abbé de Cessac, je vous obéirai en tout, parlez et notre chant sera supprimé, mais que voulez-vous, je me souviens avec quel entrain je chantais dans mon enfance : « Libera nos *Enfant* Jesus ».

---

(1) Lorsqu'il fut nommé curé de Guéret, l'abbé de Cessac fut installé par le Vicaire Général de Bogenet.

« L'abbé de Bogenet garda un instant le silence puis on parla d'autres choses.

« Le dimanche suivant, sans faire aucune allusion aux fameuses litanies, il assista aux vêpres, mais tandis que, clergé et fidèles, se dirigaient processionnellement vers la crèche, lui resta dans le chœur, se remémorant cette pensée dont s'était inspiré l'abbé de Cessac : La lettre tue, l'esprit vivifie.

« L'intelligent Vicaire Général s'absorba dans la lecture de son bréviaire et repartit pour Limoges, en évitant de parler de la pieuse cérémonie qu'il ne pouvait absolument approuver, mais qu'il ne voulait pas blâmer, comprenant à merveille la délicate condescendance du curé pour ce vieil usage ; il savait d'ailleurs que cette condescendance était tout-à-fait exceptionnelle, car personne ne poussait aussi loin le scrupuleux respect de la liturgie et des prescriptions pontificales que l'abbé de Cessac. »

La nature de M. de Bogenet le portait à l'action autant que son zèle sacerdotal l'inclinait à l'apostolat.

Il fut apôtre et missionnaire dans toute la force du terme.

Quand on fêta le 17 décembre 1886 ses noces d'or sacerdotales, M. le chanoine Arbellot rappelait les travaux de ces cinquante années accomplis malgré les soucis et les tracas de l'administration diocésaine :

« Qui pourrait dire le nombre de vos prédications ? Avents et carêmes, missions, retraites données dans les paroisses et dans les communautés religieuses, sermons à l'archiconfrérie... Dieu seul connaît le nombre des conversions que la grâce divine a opérées dans le cours de votre long ministère, soit par la parole adressée du haut de la chaire, soit par les exhortations faites au tribunal de la pénitence... »

Au sujet des noces d'or, M. de Bogenet écrit aux sœurs de La Souterraine :

ÉVÊCHÉ DE LIMOGES.

Limoges le, 27 décembre.

3e jour de l'octave de Noël, fête de St Jean 1886.

« Mes très chères filles en J.-C.

« J'ai été touché des témoignages de reconnaissance et de dévouement qui m'ont été exprimés par la congrégation du Sauveur et de la Sainte Vierge à l'occasion du 4e anniversaire de mon ordination sacerdotale : ne pouvant répondre à chaque lettre, j'ai recours au moyen que j'emploie tous les ans au renouvellement de l'année, à cause du rapprochement des deux époques, cette lettre aura dès lors un double objet : vous remercier de la part prise à mon anniversaire et vous exprimer mes vœux de bonne année.

I. — Il est certain que j'ai été élevé au sacerdoce le 17 décembre 1836; le 17 décembre 1886 était dès lors le jour propre du 4e anniversaire : conformément aux résolutions prises à cette époque, j'ai constamment chaque année célébré cet anniversaire pendant huit jours, non le 17 décembre mais le samedi des quatre temps de décembre, j'ai même obtenu du grand Pape Pie IX une indulgence plénière annuelle pour ce samedi quelle que soit la date du mois.

« Afin de célébrer cet anniversaire vulgairement appelé *noces d'or* avec plus de piété, et de prévenir plusieurs inconvénients qui se mêlent à ces solennités, j'ai toujours eu l'intention de le célébrer sans éclat et c'est pour cela que j'ai évité la publicité procurée par les annonces de la presse.

« J'ai fixé la solennité de ce 4ᵉ anniversaire au 18 décembre, *fête de la Sainte Vierge :* parce que c'était le samedi des IV temps, jour adopté pour les anniversaires annuels ; j'ai choisi pour la cérémonie, l'autel de la Sainte Vierge de la cathédrale, siège de l'archiconfrérie du Cœur Immaculé de Marie pour la conversion des pécheurs, parce que je suis l'enfant de Marie à qui je dois ma vocation, et toutes les grâces que j'ai reçues pour moi et pour les autres ; parce que l'archiconfrérie est la plus ancienne des œuvres qui m'ont été confiées, et parce que je suis Doyen du Chapitre de l'église cathédrale. Cette fixation de la cérémonie principale ne m'a pas empêché de répondre aux désirs manifestés par les diverses œuvres placées sous ma direction et de présider le mercredi 22 décembre une touchante et édifiante fête dans l'Eglise de la Maison Mère de notre Chère Congrégation.

« Comme le prêtre n'est pas ordonné pour lui seul, mais pour le service de Dieu, de l'Eglise et des âmes, j'ai été très heureux de voir toutes les maisons de la Congrégation du Sauveur et de la Sainte Vierge s'associer à ce 4e anniversaire et s'unir à moi pour remercier la bonté divine de mon élévation au sacerdoce et toutes les grâces dont elle m'a comblé ; pour réparer toutes mes infidélités, et pour obtenir un accroissement de grâces et un renouvellement de l'esprit sacerdotal et de la vie divine qui en découle.

« Quelque temps avant sa mort la vénérée fondatrice me disait, dans une communication intime, que je recevrais de Dieu de grandes grâces. Il m'a semblé souvent que cette promesse prophétique s'accomplissait en moi ; car sans sortir d'une voie ordinaire et commune, la paix dont je jouissais et le zèle qui m'animait ne pouvait être attribué qu'à l'action divine.

« Cette année mémorable ne doit pas s'écouler sans résultats sérieux et durables ; par vos prières ardentes et persévérantes, obtenez-moi, non la prolongation de ma vie terrestre, mais une vie plus sainte et plus fructueuse pour Dieu, l'Eglise, la Congrégation, les âmes et pour la vie éternelle.

« II. — Cette année n'a pas été seulement mémorable à cause des noces d'or de votre Père, mais surtout à cause des noces d'or de la Congrégation entière et de la Maison Mère.

« Cette solennité annoncée pour 1885, remise à cause de l'accident de la Révérende Mère s'est accomplie le 21 septembre 1886, année du cinquantième anniversaire de la fondation de la Maison-Mère. C'est dans l'intention de mieux vous préparer à sa célébration, que, quoique les deux précédentes retraites eussent été données par moi, cette troisième m'avait encore été demandée. L'avertissement de ressusciter en ceci la grâce de son ordination, donnée par St-Paul à son disciple Timothée, a été la base de toutes les instructions. J'ai insisté sur l'obligation d'éviter les péchés et mortels et véniels, de travailler sans relâche à acquérir la perfection chrétienne et religieuse, de mortifier la nature, les mauvaises inclinations, les défauts de caractère, de pratiquer l'humilité, la charité, la chasteté et d'éviter tout ce qui peut prêter atteinte à cette belle vertu ; d'observer la règle, les vœux et d'arriver à cette ferveur constante, recommandée à la fondation par Notre Seigneur, comme *le caractère distinctif de la Congrégation.*

« Il n'entre pas dans mes plans de renouveler le récit des diverses parties de la fête. Rien n'avait été négligé pour en relever l'éclat : élégance des décorations, présence de deux Evêques et de plus de soixante prêtres, nombreux concours de sœurs du Sauveur et de la Sainte Vierge des diverses maisons, assistance considérable de religieuses d'autres congrégations, d'élèves anciennes et actuelles et de personnes de tout sexe et de tout rang dévouées à la congrégation, illuminations splendides, etc...

« La cérémonie religieuse du matin a consisté dans une messe très solennelle accompagnée de chants harmonieux bien exécutés, et de l'homélie de Monseigneur Gay dont la diffusion rend inutile l'appréciation.

« La cérémonie religieuse du soir a été remplie par la prédication qui m'avait été confiée, par des chants semblables pour l'harmonie à ceux du matin, par le « *Te Deum* » et un salut très solennel dont l'éclat a été rehaussé par la brillante illumination. Dans la prédication, j'ai esquissé les parties de la vie de la fondatrice de cette congrégation et des principales maisons, et j'ai essayé de décrire les phases de son développement et ses diverses œuvres, enfin j'ai indiqué les sentiments qui doivent remplir tous les cœurs, ainsi que le renouvellement de l'esprit primitif et de la première ferveur, et la nouvelle vie que ce grand anniversaire doit produire dans toute la congrégation, dans toutes les maisons et dans toutes les sœurs.

« Les sœurs qui ont eu le bonheur d'être témoins de cette grande fête ont dû, en quittant la Maison Mère, emporter ces salutaires impressions et les communiquer à celles qui avaient été moins privilégiées. C'est aujourd'hui le devoir de toutes de les conserver et de les faire fructifier, par la prière, par de généreuses résolutions et

par une application constante à se les rappeler et à les réduire en actes.

« A l'occasion de la nouvelle année, je
vous souhaite à toutes une grâce extraordinaire pour que vous profitiez de vos
retraites et des impressions produites par
les deux anniversaires que nous avons
célébrés ; ce qui produira un renouvellement et un accroissement de la vie divine
dans toute la congrégation et dans tous
ses membres.

« Comme les années précédentes vous
vous unirez aux prières de la grande neuvaine de l'archiconfrérie du Cœur Immaculé de Marie pour la conversion des pécheurs ; car les circonstances sont graves
et les enfants de l'Eglise catholique doivent
redoubler d'efforts pour obtenir la cessa-
tion de nos maux, le triomphe de l'Eglise,
le salut de la France et la conversion de
ses nombreux pécheurs égarés par les
erreurs et les vices de l'époque. La fête se
célébrera le dimanche 30 janvier. La neuvaine commencera le vendredi 21 janvier,

et l'exercice de clôture aura lieu le mardi matin 1ᵉʳ février.

« Pour attirer d'abondantes grâces sur la congrégation, sur les deux noces d'or et sur la neuvaine, je vous conseille d'obtenir de vos confesseurs et de vos supérieures la permission de faire deux neuvaines de communions : l'une au commencement de la nouvelle année et l'autre pendant la neuvaine.

« Dans tous les congrès de ces derniers temps, on a vivement recommandé les réunions de persévérance, comme le moyen nécessaire pour conserver les fruits de l'éducation reçue dans toutes les écoles catholiques : j'ai insisté beaucoup pendant la retraite pour que cette recommandation fût prise au sérieux et observée dans toutes les maisons de la congrégation. Partout où cette recommandation sera négligée, très peu d'élèves persévèreront après leur sortie de l'école. Pour assurer cette persévérance qui doit couronner vos travaux, c'est un devoir en présence des besoins nouveaux de surmonter tous les obstacles et d'établir ces œuvres de persévérance.

« Je vous bénis, mes très chères filles, et avec mes souhaits de bonne année, je vous renouvelle tous mes sentiments d'af-fectueux respect et de paternel dévouement dans la Charité de Notre Seigneur Jésus-Christ. »

Peu de prêtres, peu de missionnaires même ont porté la parole de Dieu avec le zèle qu'a mis M. de Bogenet.

Guéret et St Pierre de Limoges se rap pellent les missions qu'il donna avec un succès éclatant dans les premières années de son ministère.

Mère Marie de Jésus du Bourg écrivait en 1851 à Madame la baronne de Barante (1):

____

(1) Madame de Barante, née Césarine de Houdetot, faisait partie de l'association ou tiers-ordre du Sau-

La Souterraine, 11 Avril 1851.

« Madame et Chère Sœur,

« Nous sommes restées trois ou quatre jours à Guéret pour y gagner notre Jubilé, la Mère Assistante et moi. Vous savez que M. de Bogenet prêche tout le Carême en

---

veur, dont les membres sont des personnes pieuses, retenues dans le monde par vocation ou par devoir. Aussi des rapports d'une touchante intimité s'étaient établis entre Madame de Barante et la fondatrice qui lui donnait le nom de sœur.

Césarine de Houdetot, baronne de Barante, naquit à l'Ile de France dont son père était gouverneur pendant les années qui précédèrent la révolution.

A son retour en France elle fut adoptée par une de ses tantes, Madame de La Briche. Dans sa jeunesse Mademoiselle de Houdetot visitait à Saunois sa grand'mère Sophie de La Live de Bellegarde, comtesse de Houdetot, qui avait été célèbre par ses grâces naturelles et son esprit.

Le baron de Barante, alors préfet, y venait aussi.

Héritière des grâces de son aïeule, Mademoiselle de Houdetot attira l'attention de M. de Barante, et bientôt devenue sa femme, elle exerça sur le caractère de son époux la plus douce et la plus salutaire influence. (Renseignements tirés de la *Vie de Madame du Bourg*, par M. l'abbé J. Bersange, page 260).

cette ville. Vers le soir au son des cloches, on voit une foule de personnes qui de tous côtés se rendent à l'Eglise : Fidèles, Juifs, protestants ou incroyants, tous accouraient car la parole de l'homme de Dieu attire les âmes avec tant de force qu'il y a des effets de grâce admirables et qui vont toujours croissant. Les prêtres sont accablés par le travail des confessions : mais que leur consolation est grande de voir revenir à la religion ceux qui semblaient l'avoir abandonnée entièrement ! Que Dieu soit béni ! Prions beaucoup, surtout en ce temps de miséricorde auquel les mérites de Jésus-Christ coulent avec plus d'abondance. »

Madame du Bourg écrivait encore à Sœur Marie Louise, Supérieure à Vigeois.

La Souterraine, Mai 1851.

« En passant à Guéret nous avons fait notre Jubilé. Que de merveilles, de grâces se sont opérées dans cette ville ! C'est admirable ! Lorsque la cloche qui annonçait l'heure des exercices se faisait entendre, on voyait accourir de toutes parts la population presqu'entière. A l'Eglise c'était une foule compacte, recueillie et silencieuse.

« La parole de Dieu a remué si fortement les âmes qu'on s'est converti en masse. Les premiers touchés entraînaient les autres ; le mari évangélisait sa femme.

Le fils conduisait son vieux père à l'homme de Dieu, on foulait aux pieds le respect humain.

« Le Président du Tribunal (ce président était M. Laroche. Atteint par la limite d'âge il fut remplacé, dans la suite, par un parent du Vicaire Général de Bogenet, M. le Président D. de Lavillatte), des employés, des médecins, des gens haut placés, des artisans, des ouvriers, enfin la population presqu'entière a gagné son Jubilé.

« Les messieurs se promenaient un catéchisme à la main pour l'étudier en disant : « Ce livre ne me quittera plus. » On compte environ treize cents personnes éloignées des Sacrements qui s'en sont rapprochées. Les prêtres passaient le jour et une partie de la nuit à confesser.

« Notre Révérend Père de Bogenet a fait un cours complet d'instruction sur le dogme et la morale. Quelques vicaires apprenaient les vérités de la foi aux plus ignorants. Le tout petit nombre de ceux qui ont résisté est demeuré triste et bourrelé de remords. La joie des convertis est consolante, ils écrivent des lettres ici et ailleurs. Sans crainte d'être raillés, ils parlent de Dieu et du bonheur qu'ils ressentent depuis leur conversion.

« Notre bon Père est arrivé ici fatigué, mais tout content. Il veut qu'on fasse une communion en actions de grâces et une autre pour demander la persévérance. »

Lettre de Madame du Bourg à M. de Bogenet en juin 1851 :

« Il ne faut pas mettre en doute si nous

préférons que ce soit vous qui nous don-
niez la retraite. Il est tout simple que nous
préférions que ce soit notre Père qui nous
la prêche. . . . .
. . . .

« Le bon Dieu serait plus glorifié et le bien
se ferait mieux en vérité, si vous faisiez
le tout (1), car notre Congrégation est une
œuvre plus importante qu'une foule d'autres. Il faut arranger les choses vous et
moi pendant notre vie. Il n'y a pas de temps
à perdre. . . . .
. . . .

« Je désire fort que vous examiniez les
choses dans le détail, de mon côté je ne
ferai autre chose que de travailler tout
doucement à étudier la Volonté divine et
puis je vous soumettrai mes idées.

. . . .

« Mon Père je suis prête à faire ce que
vous voudrez, la sainte obéissance passe

---

(1) M. de Bogenet s'occupait alors avec beaucoup
de dévouement des intérêts de la Congrégation.

avant tout : la santé et la vie doivent être comptées pour rien lorsqu'il s'agit d'obéir.

« Voyez mon bon Père ce que vous pouvez faire pour nous et le temps dont vous pouvez disposer. S'il vous est possible de nous donner la retraite, nous vous disons : « Venez, venez ! Si absolument *cela est impossible*, choisissez-nous quelqu'un qui ne soit pas trop large et qui connaisse la vie religieuse, M. l'abbé Gay, par exemple.

. . . .

A Bellac on avait entendu M. de Bogenet en 1843 pour la bénédiction de la chapelle de Lorette, en 1865 pour sa consécration, en 1854 et en 1882 pour le Carême.

Il donna en 1869 à Saint-Irieix une mission d'un mois pendant laquelle il prêcha trois fois par jour.

A Aixe mission de 1865, sermon pour la pose de la première pierre de la chapelle et pour de nombreux pélerinages.

M. de Bogenet écrit de Guéret en 1873 : « Remerciez de ma part les enfants du bon concours qu'elles me donnent, j'ai reçu la boite et tout ce qu'elle contient. J'ai déjà distribué un certain nombre de scapulaires. Je vous remercie de cette délicate attention. Les réunions sont nombreuses, on ne peut encore apprécier l'étendue du mouvement qui se produira. Il faut redoubler de prières. Ce soir aura lieu la première réunion d'hommes. Hier c'était le jour de la Sainte Vierge et la consécration. La réunion était très belle, mais de là à de nombreuses et solides conversions, il y a loin. »

D'Ahun en 1874 il dit : Consolants retours, nombreuses communions d'hommes.

D'Aubusson 1875, mois de mars : « Les retours sont nombreux, écrit M. de Bogenet, les résultats, sans répondre à mes désirs, sont consolants, c'est ce que j'ai vu de mieux depuis ces mauvais temps. »

En mai, M. de Bogenet y revenait donner un triduum de prédications : « Je ne sais encore si la Ste-Vierge me fera faire quelque bonne pêche ! Priez avec nous. Nous allons à la Borne lundi ; puissions-nous faire un peu de bien aux populations de la contrée dont l'état religieux est mauvais ».

A Aubusson en 1875, à Saint-Junien en 1878, au Dorat en 1864, 1866, 1867. — A Sainte-Marie et à Saint-Michel de Limoges en 1864, 1865, 1867, ce sont de nouvelles prédications.

D'Auzances il écrit en 1876 : « Je suis satisfait de tout ce que Dieu a opéré à Auzances. — Benedicamus Domino. — Au moment du petit accident (une chute) je compris que Satan voulait entraver l'œuvre, à cause des fruits qu'il prévoyait, et que Dieu m'avait préservé de suites fâcheuses ; remercions ensemble et prions pour la persévérance des revenus et l'accroissement du bien.

En mars 1881 il est à Saint Junien, en 1883 à Rochechouart.

Il écrit d'Aubusson en mars 1885 : « J'aurais désiré infiniment plus ! Dieu seul peut apprécier les résultats vrais. Je ne suis ni content ni mécontent. Plusieurs âmes sont revenues de loin et ont été retirées du péché. Il faut remercier et solliciter l'accroissement et la conservation des fruits produits. L'impression a été bonne – Merci de toutes les prières de la Congrégation, de l'apostolat des enfants, en attendant que je les remercie de vive voix ».

Il prêcha à Evaux en 1885, à Chénerailles en 1888.

Il faudrait encore parler de nombreuses retraites données aux sœurs du Sauveur et du Bon Pasteur ; aux Economes de Marie, des neuvaines et des triduum pour les fêtes de Saint-Martial et de Saint-Aurélien, des prédications de l'Archiconfrérie et aux pélerinages de Sauvagnac.

Il donna avec le R.-P. Chauliac, des Oblats de Marie, plusieurs missions qui furent marquées, comme il le disait lui-même, par un « grand mouvement ».

En ces dernières années ses forces ne lui permettaient plus de donner des carêmes entiers et il prêchait seulement les dernières semaines.

C'était encore un rude travail devant lequel auraient reculé de plus jeunes que lui.

En 1896 il prêcha trois fois par jour à Saint-Joseph de Limoges, du 15 au 29 mars. *Il avait alors quatre-vingt-onze ans !*

Chaque année M. de Bogenet était invité à donner la station quadragésimale dans une paroisse du diocèse.

Sa foi ardente lui faisait considérer cette œuvre comme très importante, aussi il s'y préparait toujours par huit jours de prières et de silence.

De préférence il choisissait pour faire cette retraite une communauté d'hommes, un lieu de pélerinage à la Sainte Vierge, et souvent aussi la communauté du Sauveur de la Souterraine, par dévotion à la mère Marie de Jésus dont les restes vénérés reposent dans la crypte de la chapelle.

Il se faisait alors mendiant de prières et de sacrifices près des bonnes âmes qu'il désirait intéresser à la gloire de Dieu.

Ce fut vraiment un infatigable semeur du Verbe divin. Ses paroles ressemblaient un peu à son caractère, il y avait plus de force que de grâce, plus de raison que de sentiment, un peu de rude franchise quelquefois. Mais elles témoignaient d'une conviction si ardente, elles avaient une telle force d'affirmation qu'elles devenaient éloquentes sans y prétendre.

En entendant M. de Bogenet on pensait volontiers au mot de Pascal : « La véritable éloquence se moque de l'éloquence ».

Quelle force, du reste, et quelle per-
suasion ne donne pas à un orateur une vie
sainte, toute de dévouement, de prière et
d'apostolat ?

M. de Bogenet était lui-même une si
vivante prédication qu'il n'était guère
possible de l'entendre sans être ému.

LES ŒUVRES DE M. DE BOGENET

A la prière et à la parole, M. de Bogenet savait unir l'action pour mettre en œuvre ce qu'il prêchait.

En 1839, il fondait à Limoges l'Archiconfrérie du Cœur immaculé de Marie pour la conversion des pécheurs ; c'était une de ses œuvres de prédilection, il la soutint avec une persévérance qui ne s'est pas ralentie un instant ; prêchant aux réunions mensuelles, préparant la neuvaine annuelle sans se lasser jamais, sans se laisser abattre par les difficultés.

Les hommes d'œuvre qui après l'enthousiasme du début sentent refroidir leur zèle, méditeront utilement l'exemple de ce vieillard de quatre-vingt douze ans qui, huit jours avant sa mort, envoyait encore, écrite de sa main, une note pour indiquer les intentions de l'archiconfrérie fondée par lui cinquante-huit ans auparavant et à laquelle il s'intéressait comme au premier jour.

Nous dirons plus loin son dévouement pour les œuvres du Sauveur et du Bon Pasteur. Il faudrait encore rappeler son zèle pour le culte de nos saints, ses nombreuses prédications en l'honneur de Saint Martial.

On sait de quelle antiquité est dans le Limousin le culte de St-Martial. Son église fut construite à Limoges sous Louis le Débonnaire en 840, et, après bien des destructions et des restaurations, elle était au XVIIe siècle un des monuments les plus curieux de la ville.

Pour les naissances des dauphins on sortait processionnellement les reliques de St-Martial, il en fut fait ainsi pour la naissance de Louis XIII. La demande en fut

faite à Pierre du Verdier, abbé de St-Martial
par deux des consuls : le Président de Verthamond et le sieur Faulte (1). — Le Lieutenant de Sa Majesté au gouvernement du
Limousin, faisant fonctions de Gouverneur
en l'absence du duc d'Epernon, étant Charles de Pierre-Buffière, vicomte de Chateau-
neuf.

Le concours actif de M. de Bogenet pour
l'entretien du monument de St-Martial lui
valut le titre de Président d'honneur de la
Grande Confrérie. La Confrérie de St-Martial fut instituée en 1212. Les habitants de
toutes classes, riches ou pauvres, la noblesse du diocèse : les Cramaud, les Ley-
choisier, les Foucauld, les Bonneval te-
naient à en faire partie.

. . . .
. . . .« Je suis très sensible à votre invi-

____

(1) M. de Verthamond est en effet indiqué comme
étant consul en 1601, ainsi que le président Martin,
MM. de Douhet, Faulte, Dupeyrat. . etc.

tation, écrivait le 14 avril 1888, M. de Bogenet à Mme la Marquise de Bagnac, à mon âge on a le privilège de garder la maison.

« Je profite de l'occasion pour réaliser un projet arrêté depuis longtemps dans mon esprit: c'est de faire un appel direct à votre foi et à votre patriotisme, *à la foi et au patriotisme* de M. de Bagnac, en faveur du *Monument de St Martial*. Comme chrétien et gentilhomme limousin, M. de Bagnac comprend mieux que personne les raisons qui ont porté à adresser à St-Martial une réparation et une supplication: il est *pur sang*. Nous comptons beaucoup sur lui.

. . . .

« Je fais appel, très chère et vénérée Dame, à votre cœur et à votre foi afin que vous deveniez l'apôtre du culte de St Martial dans vos contrées. . . . .

. . . .

« St-Martial ne sera pas ingrat, il rendra au centuple ce que l'on fera pour lui: le moyen que nous employons est *propre à éloigner les fléaux et à rendre la prospérité à notre société.*

« Recevez, très chère et vénérée Dame, pour vous et votre cher mari, avec mes remerciements anticipés l'expression de mon respect et de mes plus affectueux sentiments en N. S.

L. D. DE BOGENET.

V.G.

J. M. J.

Chaque année M. de Bogenet célébrait la fête de St Aurélien et, aux Ostensions, il était le prédicateur toujours apprécié de MM. les bouchers.

(Les bouchers de Limoges forment une importante corporation qui conserve encore ses coutumes, son quartier particulier, etc. Lorsqu'Henri IV vint à Limoges en 1605, Messire Henri de La Martonie étant alors Evêque, les bouchers allèrent attendre Sa Majesté au bourg de Couseix et lui firent cortège jusqu'à Limoges ; de là pour eux le privilège d'avoir depuis une place

marquée dans le cortège de toutes les entrées royales).

Nous avons déjà parlé de l'amour de M.
de Bogenet pour l'Eglise. Cet amour se
manifesta par les constantes prières qu'il
demanda toute sa vie aux intentions de
Notre Saint Père le Pape.

En 1859, il avait répandu pour lui une
prière à Limoges. C'était au moment où le
pouvoir temporel du Saint Père était sérieusement menacé.

« Un matin, nous écrit un témoin, j'étais
à peine installé à mon bureau que le préfet
me fit appeler et, comme j'étais attendu
j'entrai sans frapper.

« Le préfet était debout, la main appuyée
sur son bureau et la tête inclinée et tournée
vers la porte attendant mon entrée ; il avait
avec lui le Secrétaire Général, le Procureur
Impérial, le Commissaire Central, le Com-

mandant de Gendarmerie et quelques autres personnes officielles, plus ou moins dévouées au Gouvernement et pour quelques uns dans un but peut-être intéressé.

« Je crus d'abord à la préparation d'un coup d'état.

« Mais le préfet me dit tout de suite : qu'est-ce que c'est que cette prière que M. de Bogenet fait répandre en ville ? — C'est une prière pour le Pape, répondis-je, mais elle n'est pas séditieuse.

« C'était, nous l'avons dit, à une époque où le pouvoir temporel du Saint Père était menacé par le Piémont, on craignait alors que cette prière amenât une question diplomatique.

« Le préfet me demanda ensuite si l'imprimeur l'avait déposée ; je lui répondis alors que ce dépôt n'aurait pas échappé à mon attention, mais que j'allais vérifier le registre spécial tenu par un de mes employés, à qui les imprimeurs remettent quelquefois des brassées de déclarations et de dépôts.

« Mais après avoir ouvert la porte je

m'arrêtai pour lui dire : si ce dépôt n'a pas été effectué il ne faudrait pas s'en étonner, car ce dépôt exigé par la loi du 21 octobre 1814 n'est pas obligatoire dans certains cas. Lorsque cette loi fut promulguée elle fut suivie d'une circulaire très détaillée du ministre de la justice pour son application ; il y a même dans cette circulaire une nomenclature des imprimés dispensés du dépôt légal, tels que tous les imprimés administratifs, les mandements des évêques, etc. Cette prière n'est pas un mandement d'évêque, mais elle est approuvée par Monseigneur Desprez archevêque de Toulouse, ex-évêque de Limoges. (M. de Bogenet, homme prudent et modeste, ne voulait pas profiter de son intérim pour se passer de l'approbation épiscopale). Si vous déférez l'imprimeur au parquet et que le tribunal l'acquitte, ce sera pour vous un échec qu'il est bon d'éviter.

« J'allai donc chercher la circulaire ; je marquai d'un onglet la partie de cette circulaire et je la montrai au préfet qui

en donna lecture à tous ces officiels et offi-
cieux, qui devinrent tous confus ; ils vou-
laient des armes contre M. de Bogenet et
tout en ne faisant que mon strict devoir je
les désarmais complètement.

« Je compris bien que dans leur esprit, je
devenais en apparence le complice du Vicaire Capitulaire, mais je n'y pouvais rien. »

.... et l'on conclut sans doute qu'il n'y
avait pas moyen d'inquiéter l'intrépide M.
de Bogenet.

Avant le concile du Vatican il ne cessait
d'exciter les fidèles à demander les grâces
de Dieu pour cette grande assemblée à
laquelle il assista comme théologien de
Monseigneur Fruchaud. Nous devons à
l'extrême obligeance de madame la Supérieure Générale du Sauveur de la Souterraine des lettres autographes de M. de
Bogenet que nous reproduisons ici.

M. de Bogenet écrit de Rome le 9 Décembre 1869.

« Ma Chère fille en J.-C.

« Je suis en retard avec vous !... J'ai reçu vos deux lettres et je comprends votre impatience. Je n'ai pas su trouver le temps de vous écrire plus tôt à cause de l'achèvement du compte-rendu des conférences et des corrections d'épreuves et aussi à cause des visites et autres embarras d'arrivée.

« Nous devions loger place Saint-Sylvestre...
....

« Nous avons habité une semaine au Séminaire Français et nous sommes définitivement placés à la Minerve n° 38, mais nous prenons tous nos repas au Séminaire Français qui est voisin. *C'est au Séminaire Français, rue Ste-Claire*, qu'il faut désormais adresser vos lettres. Vous pouvez tout simplement mettre l'adresse en français. Si vous aviez des papiers à m'adresser vous pourriez les envoyer à Monseigneur Denéchaud en le priant de me les faire parvenir. Par l'intermédiaire du ministre des affaires étrangères et de l'ambassadeur, les Evêques peuvent jouir de la franchise.

« Nous vivons au Séminaire avec 14 ou 15 Evêques et bon nombre d'excellents prêtres, parmi lesquels j'ai retrouvé deux condisciples du Séminaire. Dans un tel milieu nous sommes mieux instruits des nouvelles religieuses et nous passons après les repas des récréations utiles et agréables ....
....

« J'espère que mon séjour dans la ville éternelle ne sera pas inutile à moi et aux âmes dont Dieu m'a chargé.

« Je fais plusieurs fois par semaine des pélerinages dans les principaux sanctuaires, et je vais y dire la messe. Ma seconde messe a été à Ste-Marie *in via lata*, dans le lieu où St Martial a habité avec St-Pierre, St-Paul et St-Luc ; le jour de l'octave de Ste-Cécile j'ai dit la messe à l'autel sous lequel son corps repose et je n'ai oublié ni la Congrégation ni Sœur Cecilia (quoique je n'eusse pas encore reçu votre lettre) ni les autres sœurs Cécile. Le 30, à la suite de Monseigneur, j'ai dit la messe sur le corps de St-Pierre dans la crypte : et le lendemain aussi, à la suite de Monseigneur, après avoir assisté à la messe d'un Evêque grec devant la Sainte Crèche exposée. J'ai pu la dire lundi devant le bras de St-François-Xavier, qui a baptisé tant d'infidèles, exposé à cause de l'octave de sa fête. Je viens de la dire ce matin à Sainte-Marie majeure, devant la miraculeuse image, dans la magnifique chapelle consacrée à Marie et je l'ai dite pour les deux affaires qui intéressent la congrégation et pour toute la congrégation.

« Pendant la neuvaine préparatoire de l'Immaculée Conception, les plus précieuses des reliques ont été exposées. Outre la Ste Crèche, nous avons vénéré, dans le Saint des Saints, où l'on monte par la Scala Sancta, la sainte image de Notre Seigneur attribuée à St Luc et qui excite tant de dévotion : nous avons pu entrer dans le sanctuaire et la voir de très près. Nous avons encore vénéré la Ste Croix de Jérusalem, la relique de la Vraie Croix, ainsi que les autres reliques qui y sont conservées et en particulier la croix du bon larron ; à Saint Jean de Latran les chefs des SS. Apôtres Pierre et Paul : à St Pierre la Ste Face, la Ste Croix, la tête de St André : à St Pierre-aux-Liens, les chaînes de St Pierre, les morceaux conservés des Croix de St Pierre et de St André et d'autres précieuses reliques, et à St Charles du Corso, le cœur de St Charles Borromée.

« J'ai vu le Pape plusieurs fois : 1° le premier dimanche de l'avent. Je l'ai vu à St Pierre sur son trône et ensuite portant le St Sacrement à la procession d'ouverture des X4 heures : 2° le samedi 4 décembre au Vatican, à la suite d'une audience donnée à 32 évêques français, parmi lesquels se trouvait Monseigneur. Plus de cent prêtres ont été admis au baisement du pied qui a été suivi de la bénédiction. — 3° le 7 décembre, à son entrée dans le couvent qui touche l'église des SS. Apôtres où il venait donner la bénédiction du St Sacrement qui termine la neuvaine de l'Immaculée Conception ; j'ai reçu cette bénédiction, et j'ai revu le Pape à sa sortie, car il a passé très près de moi ; — 4° enfin, je l'ai vu hier matin dans un vestibule du Vatican, qu'il a traversé pour aller prendre la procession de l'ouverture du concile.

« Comme j'ai été à même dans la visite du 4 décembre de le voir de près et assez longtemps, je me suis convaincu que tous ses portraits ne lui ressemblent guère. Je l'ai trouvé vieilli, mais toujours plein de gaîté, de bonté et d'esprit. Il a conservé sa belle et forte voix, car hier pendant la tenue de la session du concile, le son de cette voix éclatante me parvenait dans la basilique de St Pierre à une grande distance.

« L'ouverture du concile a eu lieu hier. La cérémonie annoncée pour 8 heures 1/2 a commencé vers 9 heures. Elle a duré jusque vers 3 heures. Près de, où même selon les uns, plus de sept cents évêques étaient présents en chape et en mitre, et remplissaient la vaste salle préparée pour le concile dans l'un des bras de la Croix de la basilique vaticane.

« Rien n'était beau et majestueux comme le coup-d'œil de cette grande assemblée représentant l'Eglise. Je n'ai pas été placé de manière à la voir dans son ensemble, mais les parties que j'ai vues ont suffi pour me donner une idée de l'ensemble : j'espère me dédommager à la prochaine session publique, qui aura lieu le 6 janvier ; car j'ai appris hier au soir qu'il était facile d'obtenir des cartes d'entrée pour les tribunes. Après avoir souffert de la foule pendant la première partie de la cérémonie, je suis parvenu à pénétrer dans une enceinte réservée, et même dans une tribune, où les sièges laissés vides par des départs successifs, ont rendu grand service à plusieurs prêtres ainsi qu'à moi. Je n'ai pas été du tout mal placé pour la cérémonie, mais j'espère profiter de l'expérience et être mieux à l'avenir.

« Les derniers écrits de l'Evêque d'Or-

léans (1) ont causé de grands mécontente-
ments dans la grande majorité des Evêques
et ont été l'objet de beaucoup de conversa-
tions : la réflexion que vous m'avez faite,
m'a été faite plusieurs fois même par des
Evêques, il sera déjoué dans ses projets,
dans ma pensée il sera l'un des instru-
ments qui occasionneront la définition du
dogme de l'infaillibilité du pape.

« Louis Veuillot a été bien accueilli par
le Pape, qui lui a dit qu'il avait raison au
fond et dans la forme. Par une singulière
coïncidence, il s'est trouvé lundi dernier,
agenouillé avec Monseigneur Dupanloup,
à la confession de St-Pierre ; l'ayant aperçu
en se relevant, il s'est remis à genoux et
a fait quelques nouvelles prières. Les
malins ont ajouté qu'il voulait communiquer, *in divinis*, avec cet Evêque, avec
lequel il ne pouvait communiquer autrement...................................
....

____

(1) Monseigneur Dupanloup.

« Le Pape s'est magnifiquement posé en présence du Concile. Toutes les mesures prises pour la direction des travaux du Concile sont l'œuvre d'une grande sagesse. Elles sont dignes du Vicaire de Jésus, elles conservent au Pape l'exercice de la plénitude de son autorité et elles laissent en même temps au Concile une sage et vraie liberté ; elles sont propres à déjouer les prétentions exagérées ; à arrêter les prétentions révolutionnaires et faussement dites libérales, si elles tentaient de se produire. Le Pape dans ses diverses allocutions s'est montré plein de confiance, il trace à grands traits la grande mission du Concile. Il a été affligé de l'écrit de l'Evêque d'Orléans, mais non découragé. Il faut continuer de prier beaucoup afin que cette grande assemblée soit à la hauteur de sa mission, qu'elle prépare des remèdes efficaces aux maux des sociétés qui chancellent et qu'elle édifie le monde entier par son union avec son chef, par la sagesse et l'unanimité de ses décisions.

« Comme le Concile ne vient que de s'ouvrir on ne peut encore savoir si les théologiens des Evêques seront employés, et quels seront les travaux qui pourront leur être confiés.

« J'arrive enfin aux affaires qui vous intéressent, je commencerais par vous gronder de votre désobéissance et je le ferais un peu fort si votre charité excessive ne diminuait votre faute ; il y a quelques jours j'ai retrouvé dans l'un des compartiments de mon portefeuille les *timbres postes refusés*. Pour toute punition je vous assure que je vous en rendrai fidèle compte, s'ils me sont nécessaires je me bornerai à en faire usage à titre de prêt.

« J'ai vu seul Monseigneur Bailles la semaine dernière, après lui avoir remis votre lettre quelques jours auparavant, j'ai causé longuement avec lui.

« 1° Il a été arrêté d'après ses conseils que je remettrais la copie du cahier à Monseigneur Minetti, en le chargeant de les examiner, de donner son avis, et s'il y a lieu de rédiger les articles et questions nécessaires pour la direction du procès devant l'ordinaire.

« Je n'ai encore pu me rendre chez ce Monseigneur, mais je le verrai ou aujourd'hui ou l'un de ces jours.

« 2° Monseigneur Bailles est d'avis que vous ne retardiez pas l'introduction de l'affaire de l'approbation, et que vous présentiez tant que je suis à Rome une copie des règles, suppléments et (*illisible*) refondus ensemble, dans laquelle il ne serait pas question du supérieur général.

« Il ne croit pas que la discipline actuelle du St Siège soit modifiée, et il ne voit pas d'inconvénient à agir pour obtenir le décret laudatif; parce que si le comité introduisait une modification, on serait à même d'en profiter.

« Quant à ma manière de voir dans cette affaire, elle demeure ce qu'elle était et je la réserve ainsi.

« Je ne vois pas de motifs graves pour agir avant les décisions du concile. Je crains qu'un travail précipité soit incomplet. Néanmoins je vous laisse toute latitude pour préparer le travail à présenter : les sœurs de Marie Joseph, peuvent vous donner d'utiles renseignements. Si les travaux du concile me laissent du temps libre, je suis disposé à vous donner mon concours, s'il vous est nécessaire. Monseigneur a bien pris votre proposition et la manifestation de vos désirs. Je suis tout disposé à présenter à la Sainte Congrégation qui s'occupe de ces affaires ce que vous m'enverrez et à presser ensuite la solution.

« Conférez de cette affaire avec le conseil et agissez selon ce qui sera arrêté. Dès maintenant j'accepte la décision prise quelle qu'elle soit.

« Au surplus je pourrai causer de cette affaire avec quelques Evêques ou employés des congrégations versés dans ces matières.

. . . .

« Je suis heureux des bonnes dispositions des élèves : je désire que par leur conduite bonne et soutenue, elles servent l'Eglise et attirent des grâces sur le concile. Je conserverai les actes de vertus et nous en ferons le total à mon retour. Je ne dirai rien de la diminution du nombre de médailles, parce que je suis convaincu que cette éclipse n'a laissé aucune trace et qu'elle a été suivie d'une consolante réparation. Je bénis avec bonheur ces chers enfants, et je vous prie de leur dire combien je suis reconnaissant de ce qu'elles font pour moi.

« Vous voudrez bien être mon interprète auprès de M. Ruvel et lui dire tous mes sentiments affectueux et dévoués.

« Quand vous aurez l'occasion d'écrire dans les maisons, donnez de mes nouvelles et dites bien que je n'oublie nulle part la chère congrégation. Je bénis toutes les sœurs, je bénis les novices et les postulantes ; je bénis les malades avec un souvenir spécial pour mère Marie-Thérèse.

« Je vous bénis spécialement, ma chère fille et je vous réitère tous mes sentiments paternels et dévoués en J.-C. »

Malgré les préoccupations du Concile, M. de Bogenet n'oubliait pas ses œuvres de France et son diocèse de Limoges. Son esprit prodigieusement actif prévoyait tout. Lisons plutôt la lettre suivante qu'il adressait de Rome quelque temps après celle que nous venons de citer :

« Rome, le 22 Décembre 1869.

« Chère fille en J.-C.

« Toutes vos lettres me reprochent mon silence ; j'espère qu'il n'en sera plus ainsi car je vous ai écrit sous les dates du 9 et du 10 une longue lettre qui doit avoir largement compensé mes torts.

« Depuis ma lettre, j'ai remis à Monseigneur Minetti la copie des manuscrits : je ne sais rien de plus.

« Vous me parlez des vitraux de l'église, je n'ai rien à modifier en ce qui me concerne : je suis pour les sujets indiqués et les médaillons ; mais je n'entends pas vous imposer mon opinion. Je vous laisse libre de décider de concert avec le conseil d'une manière différente. Je suis étonné que M. Cheval, avec qui nous avions arrêté ce genre de vitraux et ensuite les sujets ait changé d'avis.

« Quant à la rosace, je ne me rappelle pas si je vous ai indiqué les sujets ; il est facile de donner la préférence à d'autres sujets ; mais il me semble que nous nous étions arrêtés à la pensée de les consacrer à des saints du diocèse : nous indiquions de préférence : St Martial, Ste Valerie : 1° on pourrait les unir dans le milieu et représenter St Martial célébrant et Ste Valerie lui présentant sa tête. 2° *(deux mots illisibles)*. 3° St Sylvain, martyr. 4° St Vaulry solit. 5° Marien, sol. 6° Etienne de Muret. 7° St Pardoux ou même St Alexis.

« On pourrait, si on le préférait, ou substituer de jeunes vierges, ou des fondatrices d'ordres religieux.

« Dites aux sœurs et aux élèves combien je suis reconnaissant de leurs prières, de leurs actes de vertus, stimulez leur zèle, afin qu'à mon retour, je trouve toutes les

âmes illuminées, élevées et embrasées d'a-
mour.

« Je ne sais encore le temps pendant lequel je resterai à Rome. Monseigneur a
promis à M. Dénéchaud de partager le
temps entre lui et moi ; comme il espère
que le concile se prolongera peu, il parle
du mois de février : je partirai quand il
me dira de le faire. A cause de mon neveu
et de ma nièce je ne serais pas fâché de rester
jusqu'à Pâques ; quoi qu'il en soit, quand la
chose sera décidée je vous préviendrai.

« On ne peut rien conjecturer sur la durée du concile. Tous les travaux jusque là
se sont bornés au choix de quatre commissions : il y en a encore deux à nommer.
Les dépouillements sont très longs. On a
annoncé que dans la réunion du 28 on com-
mencerait à traiter les matières Comme
nous sommes tenus au secret, je ne puis
vous donner d'autres détails. Je ne sais
encore si les théologiens seront chargés de
travaux spéciaux.

« Puisque vous désirez des récits sur

nos pélerinages, je vais continuer ce que j'ai commencé.

« Le 10 décembre, fête de Ste Valerie, j'ai fait un pélerinage à l'église Ste Bibiane. J'ai dit la messe sur son corps et sur celui de Ste Demetria, sa sœur et de leur mère Ste Dafrosa : j'ai vu la colonne où elle fut attachée et flagellée à coups de fouets garnis de plombs.

« Le dimanche, 12 décembre, je me suis rendu à une audience donnée au Vatican aux prêtres français. J'étais tout près du Pape. J'ai tout entendu et tout vu. Il paraissait heureux d'être entouré de prêtres dévoués, il les a vivement impressionnés ; il nous appelait ses chers enfants. Son discours a été résumé dans l'Univers, ce qui me dispense de le reproduire. Nous sommes tous sortis heureux des conseils, des enseignements et des bonnes paroles du St Père. Il nous a tous bénis pour le temps et l'Eternité, pour nos travaux.

« Le lendemain, fête de Ste Lucie, j'ai fait un pélerinage à Ste Suzanne ; j'ai célébré sur un autel au-dessous duquel sont placés : le corps de Ste Suzanne, célèbre Vierge martyre nièce du Pape Caïus et de Diocletien, de Ste Félicité, du père de Ste Suzanne et de plusieurs autres saints. J'ai visité la chambre habitée par la Sainte et où elle fut martyrisée ; elle est encore décorée comme au moment de l'habitation de la Sainte. C'est aussi là que Ste Félicité et ses sept enfants ont été martyrisés.

« Le 15, jour de l'octave de l'Immaculée Conception, j'ai dit la messe dans l'Eglise de *l'ara cœli* devant une statue de l'Immaculée Conception : j'ai voulu terminer l'octave dans cette Eglise, parce que c'est la gloire de l'ordre de St François, d'avoir toujours défendu la croyance de l'Immaculée Conception.

« Le 16, j'ai fait un pélerinage à St Clément et j'ai célébré la messe sur les corps de St Clément et de St Ignace d'Antioche : c'est sur les corps de ces martyrs de l'Eglise primitive que l'on peut espérer obtenir le vrai esprit de Notre Seigneur.

« Le 17, j'ai dit la messe, dans la basilique de St Pierre, sur les corps de St Simon
et de St Jude ; j'ai visité ensuite une partie de la basilique : j'ai vu entre autres à
l'autel de St Léon, la célèbre sculpture qui
représente l'entrevue du grand Pontife et
d'Attila. On voit au-dessus d'eux les apôtres
qui apparurent au terrible barbare. J'ai vu
tant de monuments des grands évènements
des siècles chrétiens qu'il n'est pas possible
de les énumérer.

« Le lendemain, j'ai célébré l'anniversaire de mon ordination, dans l'église de
Ste Marie des Martyrs (le célèbre Panthéon).
Je dois à la Ste Vierge ma vocation sacerdotale, je devais aller l'en remercier et lui
demander le renouvellement de la grâce
sacerdotale.

« Le dimanche 20 décembre, j'ai célébré
l'anniversaire de ma première messe, en
offrant le St Sacrifice sur le corps de St
Philippe de Neri : je m'étais senti porté à
aller demander à ce Saint Prêtre, qui
célébrait avec tant de ferveur, la partici-

pation de son esprit sacerdotal et la grâce de célébrer toujours saintement.

« Le 22, j'ai fait avec Monseigneur un pélerinage à la mère admirable : je l'ai priée spécialement pour la congrégation, pour toutes les âmes qui me sont confiées.

« Ce matin 23 décembre je suis allé célébrer dans l'église de Gêsu, sur le corps de St Ignace : je me suis également senti porté à aller demander à ce saint prêtre, les vertus et l'esprit qui doivent orner et sanctifier un prêtre.

« Vers 10 heures, j'ai reçu la bénédiction du Pape, qui venait assister dans l'église de Ste Marie in (*illisible*), aux obsèques d'un Cardinal. Je l'ai vu à son arrivée et à son départ. Hier, j'ai assisté aux obsèques de la fille du général Lamoricière, Mme de Maistre, mariée depuis 4 mois : il faut adorer les desseins de Dieu.... la mère est une femme forte. Je vous bénis toutes, et vous réitère mes sentiments paternels et dévoués en J. C. — Faites faire une neuvaine pour la conversion d'une âme.

Monsieur de Bogenet écrit encore de Rome le 23 décembre 1869.

« Mes très chères filles en J. C.

« Quoiqu'éloigné de corps, je vous de-- meure uni par le cœur : je ne me regarde même pas comme réellement éloigné ou séparé, puisque je suis dans la ville sainte, dans la ville capitale de l'Eglise : à l'époque du renouvellement de l'année étant dans l'usage de vous remercier de vos vœux, et de vous exprimer les miens, je ne veux pas interrompre cette pieuse coutume. Je viens donc comme les années précédentes vous apporter mes souhaits de bonne année.

« J'ai toujours été convaincu que mon absence, quelle que soit sa durée, ne serait nuisible ni aux âmes ni aux œuvres que Dieu m'a confiées. Les soins spéciaux que je ne pourrai vous donner, seront compen- sés avantageusement par les grâces que j'espère vous obtenir. Les bénédictions du Pape que je suis en position de recevoir assez fréquemment, les messes célébrées sur les corps des saints, les prières faites dans les sanctuaires les plus vénérés, attireront certainement des grâces abondantes sur vous et sur moi. Priez donc avec moi, afin que je n'apporte pas d'obstacle aux desseins de Dieu, et que je reçoive en abondance la grâce pour moi, pour les autres et en particulier pour la congrégation.

« Le Concile qui m'a conduit à Rome et qui inspire tant aux âmes saintes est certainement le plus grand évènement de ce siècle. Nous devons beaucoup prier en union avec le Pape, les évêques et tous les catholiques du monde afin d'obtenir l'accroissement du bien qu'il est appelé à faire. Outre que Satan s'efforcera de paralyser l'action du concile et de diminuer le bien qui peut en découler, il est certain que le bien qu'il est appelé à faire peut être accru d'une manière illimitée par les prières et par les bonnes œuvres. Regardez donc le temps présent, comme le temps d'une lutte formidable! Prions beaucoup afin d'enrayer les efforts de Satan et afin d'attirer des grâces de toute espèce sur le concile et sur tous ceux qui y prennent part.

« Mon voyage dans la ville éternelle servira probablement les intérêts que la congrégation a le plus à cœur. Selon les désirs vifs et réitérés qui m'ont été manifestés depuis longtemps par la Rev. Mère et les sœurs du Conseil, j'ai remis une copie des premiers manuscrits de la sainte et chère fondatrice à un avocat de Rome, afin qu'il nous dise si les faits de cette vie peuvent faire espérer de voir un jour, la vénérable mère Marie de Jésus glorifiée par un jugement de l'Eglise, et afin qu'il nous fasse connaître ce qu'il convient de faire et qu'il nous dirige dans l'accomplissement de ses conseils.

« Je ne négligerai pas une autre affaire qui est dans la congrégation, et avec raison, l'objet d'ardents désirs : c'est la question de l'approbation de cette petite congrégation par le St-Siège. Je ne sais encore s'il sera possible et s'il conviendra de l'entamer, avant les décrets que le Con·

cile fera relativement aux ordres religieux :
mais nous préparerons au moins les voies.

« Vous voyez mes chères filles, que nous
sommes, au commencement de la nouvelle
année, en présence de grands intérêts, ils
doivent élever nos esprits et nos cœurs,
nous porter à vivre dans la sainteté, à
marcher d'une manière digne de notre
vocation et à prier sans cesse et avec une
grande ferveur.

« Je ne puis interrompre ce doux entretien qui me rapproche de vous et qui
m'unit à vous, sans vous rappeler les jours
bénis de votre retraite ; ils m'ont consolé,
et ils ont donné, d'après ce qu'on m'a dit,
une puissante impulsion à vos âmes.
Remettez-vous devant les yeux ces jours
saints, les mouvements intérieurs que
Dieu vous a donnés pendant leur durée et
les résolutions qu'il vous a suggérées pour
en assurer les fruits. Appliquez-vous par
l'accomplissement de ces résolutions, à
devenir des filles de Dieu, de vraies chrétiennes et de saintes religieuses. Si chaque

âme s'efforce de correspondre à sa vocation et de s'élever à la hauteur de la grâce de cette vocation, vous deviendrez toutes des saintes, vous édifierez l'Eglise, vous consolerez le cœur de Jésus et le cœur de votre Père, vous opérerez beaucoup de bien autour de vous ; vous jouirez du centuple dès la vie présente, et vous obtiendrez la terre promise pour l'éternité aux âmes fidèles...... N'oubliez jamais les paroles qui ont retenti souvent à vos oreilles, il y a quelques années : *Sois fidèle et tu auras la couronne de vie.*

« Je vous donne comme étrennes trois communions que vous ferez spécialement pour le concile. N'oubliez pas, comme les années précédentes, de vous unir à la neuvaine de l'archiconfrérie qui commencera à Limoges vendredi 28 février.

« Priez toutes avec moi et pour moi : je reçois souvent la bénédiction du Saint-Père ; j'ai toujours l'intention de vous y faire participer.

« Je ne puis encore indiquer l'époque de mon retour en France.

« Je vous bénis toutes, mes chères filles, je bénis les enfants qui vous sont confiés, et je vous réitère tous mes sentiments paternels et affectueux en J.–C.

« Rome 3 janvier 1870.

« Chère fille en J.-C.

« J'ai reçu avec joie toutes vos lettres de bonne année ; ma lettre répond à toutes : malgré mon désir de répondre aux enfants et aux novices, je dois renoncer à cette satisfaction : il me serait impossible sans nuire aux travaux dont je m'occupe pour le concile de répondre soit aux novices, soit aux élèves : soyez mon interprète auprès de ces chers enfants que je remercie de leurs efforts et de leurs actes pour le Concile, pour l'Eglise, pour leur Père.

« Dans vos travaux pour arriver à l'approbation de la congrégation il faut exprimer la situation des Petites Sœurs telle qu'elle est réglée par les constitutions qui la concernent. Je comprends qu'à l'égard du Gouvernement nous ne présentions rien de particulier, mais à l'égard de l'Eglise il faut faire approuver la congrégation avec ses deux branches et même avec son tiers-ordre afin de ne pas s'exposer plus tard à des difficultés. Je regarde cela comme important.

« Il est impossible de conjecturer la durée du concile : tout porte à croire qu'il durera plus qu'on ne pensait. Je ne puis donc conjecturer non plus l'époque de mon retour.

« On est à l'œuvre, mais les choses ne vont pas vite : on ne sait même pas à quelle époque les premiers décrets seront votés.

« Nous avons au séminaire français deux fois par semaine, des réunions auxquelles assistent vingt évêques et les théologiens des évêques. On prépare dans ces réunions les travaux dont s'occupent les vingt évêques qui assistent à ces réunions.

« Je regarde la lettre de l'évêque d'Or—

léans comme un évènement heureux : avec l'influence qu'il avait, s'il eût gardé le silence, il eût fait du mal. Par cet imprudent écrit il a perdu son influence. Il ne fera probablement partie d'aucune des commissions. L'esprit qui domine est excellent. Nous devons redoubler de prières afin que Dieu conduise à bonne fin cette œuvre du concile, qui est immense et qui aura bien des difficultés à vaincre.

« En reprenant nos récits, je vous dirai brièvement, et en abrégé, que j'ai terminé l'année en célébrant le saint Sacrifice dans l'église de Ste Pudentienne, où est conservée la table en bois de l'autel où célébrait St Pierre dans le lieu où célébrait le Prince des apôtres à son arrivée à Rome, dans ce lieu où il reçut la première hospitalité ; le 30 à St Ignace sur le corps de St Louis de Gonzague, et le 31, dans la même église, sur le corps du B. Berchmans. Le soir nous avons vu le Pape arriver au Gesù, nous avons assisté au Salut et au *Te Deum* dans l'église du Gesù, avec le

Pape, et à sa sortie nous nous trouvions près de sa voiture. Nous avons donc clos l'année en priant avec Pie IX et en recevant sa bénédiction.

« Le lendemain, pour commencer l'année et la confier au divin Enfant, je me suis rendu à l'Ara Cœli, et j'ai dit la sainte messe dans la chapelle où est ordinairement conservé le Sto Bambino. Avant de sortir, j'ai admiré la belle crèche disposée dans une des chapelles de l'église : dès l'un des côtés de l'entrée de la chapelle est une statue de l'empereur Auguste et de l'autre une statue de la Sybille ; vient ensuite l'étable où sont représentés, la Ste Vierge tenant sur ses genoux le Sto Bambino et l'enveloppant de langes, St Joseph, des bergers, l'âne et le bœuf. Le Sto Bambino porte une couronne sur sa tête, il a sur ses vêtements de riches pierres précieuses : au-dessus le Père Eternel environné d'une multitude d'anges, contemple avec amour le divin Enfant. Dans le fond de la chapelle, on aperçoit dans le lointain, la ville de Jérusalem, les campagnes où les bergers gardent leurs troupeaux, l'ange qui leur apparut. L'ensemble est admirable et je n'ai rien vu de tel en France.

« C'est dans une chaire placée en face de l'étable, de l'autre côté de l'église, que pendant l'octave de Noël jusqu'à l'Epiphanie, des enfants en grand nombre viennent chaque jour célébrer les louanges du divin Enfant.

« Nous nous sommes rendus à St Pierre pour assister à la messe célébrée devant le Pape par un cardinal. J'ai reçu sa bénédiction privée à son arrivée, quand il est passé devant moi, et sa bénédiction solennelle après le sermon et à la fin de la messe, et de nouveau sa bénédiction privée à sa sortie. Nous ne pouvions mieux commencer l'année qu'en recevant ces bénédictions fécondes qui se répartissent sur les âmes qui nous sont confiées.

« Hier, jour de l'octave de St Etienne, je me suis rendu à St Laurent hors des murs, et j'ai célébré la sainte messe dans la crypte sur l'autel près duquel repose le corps de St Etienne, à côté de celui de St Laurent, de St Hippolyte, etc... Comme j'avais du temps, j'ai pu recommander à ce grand saint, patron de la Cathédrale, le diocèse, la Congrégation, toutes les œuvres et personnes dont je m'occupe. Puisse ce premier martyr que l'Ecriture nous montre comme rempli du St Esprit, et plein de foi, nous obtenir cette abondance des dons du St-Esprit, et cette force de la Foi qui fait tout surmonter.

« Nous avons ensuite visité cette admirable basilique, où nous avons vénéré deux cailloux qui ont servi au martyre de St Etienne, et la table sur laquelle a été déposé le corps de St Laurent, quand il fut retiré de son gril. La basilique se restaure magnifiquement aux frais de Pie IX ; elle renferme des mosaïques et peintures anciennes fort estimées, et actuellement on y exécute de belles peintures qui représentent d'un côté les traits principaux du martyre de St Etienne et de l'autre ceux du martyre de St Laurent.

« C'est près de cette basilique qu'est situé le Campo Santo ou le cimetière de Rome. Comme il ne nous restait que peu de temps, je n'ai pu avec le prêtre, qui m'accompagnait dans ce pélerinage, que jeter un coup d'œil sur l'ensemble. Si je peux y retourner je serai plus à même une autre fois de vous en parler.

« Ce matin j'ai dirigé mon pélerinage vers l'église St Sylvestre, où j'ai célébré la messe sur le corps de ce grand Pape qui baptisa Constantin, qui présida par ses légats le premier concile général et qui le confirma. Comme la fête de ce saint Pape se célébrait le 31 décembre et qu'il a rempli un grand rôle dans l'histoire de l'église, j'ai tenu à dire la messe sur son corps. C'est au même autel qu'est placé une partie du chef de St Jean Baptiste, mon patron. Depuis longtemps je devais célébrer la messe dans cette église, à cause de la précieuse relique de mon grand patron : j'ai été heureux de pouvoir remplir ce désir et de recommander à ces glorieux saints, les nombreuses intentions que je ne perds pas de vue.

« Dans les fresques de cette église on a représenté le baptême de Constantin, la prédication de St Jean qui irrita Hérodiade, la présentation de la tête du saint par la jeune fille à sa mère.

« Je m'arrête faute de place. Je vous bénis toutes et vous réitère mes sentiments paternels et dévoués en J.-C.

« Un souvenir au bon aumônier. »

« Rome le 11 Janvier 1870.

« Ma chère fille en J.-C.

« Ce matin à 11 heures 1/2 Monseigneur a été reçu par le Saint-Père en audience particulière : à la suite j'ai été introduit près de Pie IX. Il était debout je n'ai pu embrasser son pied, j'ai embrassé sa main. L'audience a été bien courte. J'avais beaucoup de choses à lui dire, par discrétion j'ai cru devoir renoncer à ma propre satisfaction. Je lui ai demandé deux choses : 1° Le pouvoir à mon retour en France de bénir en son nom avec indulgence plénière les diverses œuvres dont je suis chargé. Il a répondu très gracieusement : *Oui!* Vous aurez donc la bénédiction papale de ma main. 2° Sa bénédiction pour moi, pour toutes les œuvres dont je m'occupe, pour ma famille et en particulier pour ma vieille mère ; j'ai reçu cette bénédiction, je m'empresse de vous la transmettre, afin que vous en fassiez part à toutes les sœurs, à tous les enfants, car mon intention dans laquelle est entré le bon Pape, s'étendait à toutes.

« Pie IX a été comme toujours bon, charmant, spirituel et surtout illuminant. Il est difficile d'exprimer tout ce que la présence et la bénédiction du Saint Père répandent de lumière, de paix et de joie dans ceux qui l'approchent.

« Monseigneur a demandé à Sa Sainteté la permission d'assister à sa messe privée, au jour où il aurait la bonté de prier d'une manière spéciale pour le diocèse de Limoges. Cette permission a été gracieusement accordée, et le choix du jour a été laissé à la disposition de notre Evêque. Monseigneur a choisi le premier février. Ce jour-là, priez et communiez toutes, en union avec le Saint Père et nous, pour le diocèse et pour la Congrégation. La messe est à 7 heures 1/2 de Rome. Il y a en France près de trois quarts d'heure de retard. Vous ferez bien de prévenir les communautés, au moins celles du Diocèse.

« Vous me demandez des nouvelles matérielles : je vais vous satisfaire : Monseigneur pendant quelques semaines a été atteint d'un rhume et de douleurs ; il a fait quelques petits remèdes et est actuellement rétabli. — Ma santé a toujours été bonne, sauf quelques légères indispositions que je ne mentionne qu'afin d'être complètement exact. Je n'éprouve actuellement rien : quant au régime et au logement, évidemment il y a des habitudes qui tiennent au climat, aux usages du pays et qu'il faut accepter. Nous n'avons pas une seule cheminée dans l'appartement complet que nous occupons. On y supplée quand le temps est humide ou froid par des appareils connus vulgairement sous le nom de Braseri, dans lesquels on entretient du feu avec des charbons de four. Ces appareils sont en usage chez les cardinaux, dans les antichambres du Pape. Le Pape, m'a-t-on dit, n'a pas de cheminée dans son cabinet. Ce matin je n'en ai vu qu'une dans la salle des gardes. Les lits sont un peu plus durs qu'en France et sans rideaux. Je m'en accommode bien et je dors très bien. Tout est en rapport, je vous le répète, avec le climat, et disposé de manière à préserver des inconvénients des chaleurs qui sont excessives à Rome, tandis que le froid est peu grave. Depuis notre arrivée nous avons eu assez constamment des pluies qui ont occasionné des commencements d'inonda-tion. Hier la pluie a été excessive pendant toute la journée, aussi le Tibre s'est gonflé de nouveau et a occasionné quelques inondations. Nous n'avons eu que pendant deux ou trois jours des gelées qui ont fait baisser le thermomètre à plus d'un degré au-dessous de zéro. La nourriture est à peu près française, elle est abondante et ressemble aux nourritures en usage dans les communautés qu'elle surpasse par le nombre des plats. Le matin on déjeune séparément, chacun après sa messe, avec du café au lait ou du chocolat. A midi 1/2 dîner commun : potage, trois plats de viande et un de légume ; au dessert : fromage, fruits verts et secs, confitures, à la fin café. Le soir à 8 heures, souper commun : potage, un plat de viande, légumes, salade, dessert comme après le dîner. Après le souper au salon, thé pour ceux qui en veulent. Souvent il y a des étrangers invités et alors il y a des entremets et même quelquefois des plats extraordinaires en plus. Le jour de Noël un cardinal et 8 ou 10 évêques avaient des invités, ce qui portait le cardinal et les évêques à 24.

« Si je reprenais ma relation au point où je me suis arrêté dans ma dernière lettre, j'aurais beaucoup de choses à vous raconter. Tout ce que je viens de vous dire m'oblige pour aujourd'hui à m'arrêter à quelques points :

« Le jour de l'Epiphanie qui clôt dans la plupart des églises l'exposition des crèches, nous nous sommes rendus vers 4 heures à l'*ara cœli* pour recevoir la célèbre bénédiction du *Santo Bambino*. Il est peu de dévotion aussi populaire à Rome que celle du *Santo Bambino* ; le plus célèbre est celui de l'*ara cœli*. Il est fait de bois d'olivier pris à Jérusalem, dans le jardin des oliviers. Il remonte au temps de St François. Il est ordinairement conservé dans une chapelle intérieure, où j'ai dit la messe, comme je vous l'avais écrit, le jour du premier de l'an. Peu de Romains veulent mourir sans recevoir la bénédiction avec la pieuse image. Quand il est parti chez les malades, le prêtre qui le porte monte dans une voiture semblable à celle des cardinaux, l'étole sort par l'une des portières. Le *Bam-bino* est couvert de vêtements riches et de pierres précieuses. En 1848, au moment où les révolutionnaires envahissaient le Vatican, ils s'emparèrent d'une des plus belles voitures du Pape qu'ils voulurent briser lorsqu'un cri vint les arrêter : « *El santo Bambino.* » Cette parole est accueillie par tous avec enthousiasme, ils consentent à conserver la voiture pour le *Santo Bambino*, et ils la conduisent pour son usàge à l'*ara cœli.*

« L'exposition de la belle crèche que je vous ai décrite dans ma dernière lettre, se termine le jour de l'Epiphanie par une grande et solennelle bénédiction, donnée du haut de l'escalier, par lequel on monte à l'ara cœli de deux côtés divers. En arrivant au bas de l'escalier, nous avons trouvé une foule immense, nous sommes parvenus à pénétrer dans l'église par une porte latérale : la procession commençait, nous nous sommes avancés avec elle sur l'espace qui est devant l'église, longe la façade et aboutit à l'escalier. Nous avons reçu la première bénédiction au pied de la tribune de laquelle un prêtre en chape a donné, avec la sainte statue, la bénédiction en silence à la foule. La procession est rentrée dans l'église et est sortie de nouveau, après avoir fait le tour intérieur. Nous étions alors au milieu de l'escalier qui a plus de 100 degrés avec des intervalles, et nous avons reçu de là la seconde bénédiction donnée de la même manière du milieu du marchepied de l'escalier.

« J'étais heureux de prendre part à cette touchante dévotion et d'être béni ainsi que cette immense foule, avec l'antique et sainte image du divin Enfant.

« Le mardi 4 janvier nous avons visité une partie considérable du mont Palatin où habitèrent les empereurs romains.

« Cette partie est la propriété de l'empereur des Français. Un religieux du séminaire français nous conduisait, et nous donnait les explications nécessaires pour comprendre la situation. En entrant on nous a expliqué l'ancienne circonscription de Rome et ensuite son extension. Nous sommes arrivés ensuite au palais d'Auguste et nous avons vu sa disposition. Il ne reste que quelques débris de pavés, de colonnes et de peintures. Un peu plus loin nous avons vu le palais de Tibère, et enfin le palais de quelqu'autre.

« Ce mont Palatin où résidaient les chefs du Peuple Roi, d'où sont partis tant de décrets de persécution, ne présente aujourd'hui que des ruines. Il n'est habité que par une communauté de visitandines et par un couvent de franciscains, et par quelques custodes qui veillent sur les objets que l'on découvre dans ces ruines. La justice de Dieu a passé par là: les barbares ont exécuté ses decrets, et l'on voit sur cette colline où ont apparu toutes les grandeurs de l'empire, où a brillé le luxe le plus élégant, et où les foules se sont pressées, que des ruines qui ressemblent à celles de Babylone et de Ninive. Le Palatin était centre de la Rome des Payens... cette ville a disparu, il n'en reste que des ruines gigantesques, telles que le Colisée, les Thermes de Dioclétien, de Caracalla, etc.., etc.., elle a fait place à la Rome chrétienne qui s'est étendue à partir du Capitole, du côté opposé, c'est-à-dire du côté du Vatican. Cette Rome que le rationalisme impie et ambitieux voudrait enlever au Pape, elle est bien la ville des Papes, car elle a été conservée, augmentée, bâtie, embellie par eux. Tous les monuments de la Rome actuelle, si on excepte la Rotonde ou le Panthéon, sont dus à la magnificence des empereurs chrétiens et surtout aux Papes. C'est écrit dans toutes les rues, sur toutes les places, dans tous les quartiers où on lit des inscriptions qui manifestent les grandes œuvres de la Papauté à l'égard de la ville de Rome.

« Le vendredi 7 janvier, nous avons fait sous la direction du même religieux, une visite dans les catacombes. Les catacombes, nous disait-il, sont le plus vaste et le plus riche reliquaire du monde. Nous avons vu

les nombreux tombeaux d'où ont été tirées
tant de reliques, nous avons vu ces rues
longues et étroites, et ces étages de sépul-
cres. Nous nous sommes arrêtés dans diverses chapelles où se célébraient les saints
mystères sur les corps des martyrs et où
se conservent encore d'antiques peintures
qui constatent que les enseignements de
l'Eglise actuelle étaient ceux de l'Eglise
primitive et que notre foi est la foi des
premiers chrétiens. Il y a, je crois, cinq
étages souterrains. Il paraît certain que
ces catacombes sont d'origine chrétienne,
qu'elles ont été creusées pour servir de
sépulture aux chrétiens, que dans les
temps de persécution elles servaient de
retraite aux Papes et aux autres chrétiens.
Quand les Payens se hasardaient à y poursuivre les chrétiens, ceux-ci leur échap-
paient facilement en fermant les ouver-
tures et en éteignant les lumières. Cependant quelques Papes et d'autres chrétiens
ont été pris dans les saintes retraites,
c'était parfois la trahison de faux frères

qui créait ces surprises. Il est défendu sous peine d'excommunication de rien enlever de ces lieux sacrés. Avec une permission on peut y célébrer la sainte messe. J'espère avoir ce bonheur, et la dire dans les souterrains témoins de tant de messes célébrées par des saints et de tant de prières ferventes. »

« Rome, 7 février 1870.

« Ma chère fille en J.-C.

« Vous aurez reçu à l'arrivée de cette lettre mes deux lettres précédentes et une copie des constitutions ainsi que le projet de supplique. Le R. P. du Bourg que j'ai rencontré ce matin et avec qui j'ai causé de l'affaire, partage la manière de voir de Monseigneur et la mienne et approuve entièrement la règle de conduite que je vous ai tracée.

« Occupez-vous de suite des rectifications et de la supplique et envoyez-moi, ou par occasion ou par l'Evêché, ces pièces en règle le plus tôt possible. Monseigneur m'a prié de vous faire cette recommandation.

« Quoique les choses n'aillent pas vite et qu'on ne puisse déterminer d'une manière même seulement probable la durée du Concile, Monseigneur désirerait, si c'est possible, que je partisse vers le milieu de mars ; pour pouvoir mettre vos affaires en train avant mon départ, il n'y a pas de temps à perdre.

« Pour répondre à une question que vous m'avez faite, voici ce que je peux vous dire : je ne partirai pas avant le milieu de mars, mais au plus tard je rentrerai après Pâques. Voici ce qui me paraît fort probable.

« Monseigneur m'a fait écrire à mon neveu de hâter s'il est possible son voyage, afin que je puisse quitter Rome au milieu du mois de mars. Il n'y a dès lors rien de décidé, et je vous ai dit les choses comme elles sont et ce qui paraît probable.

« Quant à moi je partirai quand Monseigneur me le dira. J'avoue néanmoins que pour bien des raisons je désire ne partir qu'après Pâques. Pour mettre vos affaires en train il faudra plusieurs jours après la réception des papiers, et en hâtant le plus possible je conçois qu'il faudrait plus de temps qu'on ne pense.

« Je crois qu'il faut prier afin que le bon Dieu dirige cela comme il l'entendra.

« Que faites-vous pour votre cérémonie? Vous connaissez ma pensée : faites comme si j'étais présent. Il me paraîtrait pénible de faire attendre les enfants ; cela pourrait nuire au bien général.

« Si vous n'avez pas fait la cérémonie, il me semble que vous ferez bien de ne pas la retarder. M. Denéchaud fera volontiers les examens, il présidera ensuite la céré-monie.

« Selon votre désir, je vais reprendre le narre de mes pélerinages. Comme depuis la dernière lettre qui en parlait beaucoup de temps s'est écoulé, je me bornerai à un résumé très abrégé.

« Autant que possible, dans mes pélerinages, je cherche à entrer dans l'esprit de l'Eglise, en visitant les sanctuaires consacrés aux Saints, les jours où les fêtes de ces Saints sont célébrées.

« Depuis ma dernière lettre, mes pélerinages peuvent être divisés en trois classes : pélerinages en l'honneur de Saints divers ; pélerinages en l'honneur de jeunes saintes Vierges martyres ; pélerinages devant des images miraculeuses de la Sainte-Vierge.

« Les jours consacrés à la mémoire de St-Hilaire, de St-Paul, de St-Antoine, de St-Marcel, de la Chaire de St-Pierre, de St-Sébastien, de St-Paul, de St-Chrysosthome, etc.., j'ai offert le Saint Sacrifice dans les Eglises placées sous le vocable de ces Saints et autant que possible sur leurs corps. Le jour de la fête de St-Hilaire je me suis rendu à St-Pierre et j'ai célébré à l'autel qui contient le corps du grand Pape St-Léon, devant la sculpture qui représente l'entrevue du Saint et d'Attila ; le jour de la fête de St-Sébastien nous nous sommes rendus dans son Eglise et j'ai dit la messe à un autel où étaient exposées de nombreuses reliques ; pendant l'octave de St-Marcel j'ai dit la messe sur son corps. Le jour de la Conversion de St Paul j'ai fait deux pélerinages dans la superbe basilique où j'ai dit la messe, j'ai vénéré ses chaînes ; le jour de la fête de St-Chrysosthome, j'ai célébré la messe à l'autel de St-Pierre où repose son corps.

« Pendant le mois de janvier et les premiers jours de février nous avons célébré des fêtes de jeunes Saintes bien touchantes : 1° c'est d'abord le 18 janvier la fête de Ste (*illisible*), jeune vierge convertie, instruite et baptisée par St-Pierre ; le lendemain 19, j'ai dit la messe dans la crypte, sur son corps dans le lieu même où elle reçut le baptême ; 2° le 21 janvier, c'était la douce et ch . . . .

« J'ai interrompu ma lettre pour accompagner Monseigneur et Monseigneur du Puy qui sortaient, et, avant de la reprendre, laissez-moi vous raconter une heureuse et charmante rencontre : nous avions visité l'Eglise et les trois chapelles de St-Grégoire, si pleines de souvenirs de ce grand Pape, nous nous rendions de là à St-Chrysosthome où l'on doit célébrer demain la fête de St-Jean de *(illisible)* ; après un court trajet l'apparition d'un garde-noble à cheval a annoncé l'arrivée du Pape ; nous nous sommes empressés de descendre de voiture et de nous mettre à genoux, car la voiture du Pape apparaissait ; il nous a bénis. Remontés en voiture nous avons tourné bride et nous nous sommes mis à la suite du Pape qui se dirigeait vers St-Grégoire et qui n'a pas tardé à descendre. Les Evêques ont pu s'approcher, se faire bénir et se placer de chaque côté du St Père, conversant avec lui jusqu'à l'Eglise de St Grégoire. Arrêté d'abord par les Gardes, j'ai pu tourner la situation et me joindre au cortège. Dans l'Eglise où le Pape a adoré très pieusement et pendant un instant assez long, je me suis mis devant lui au moment où il se relevait, j'ai été béni par lui et j'ai eu le bonheur de prendre sa main et de l'embrasser. Il s'est rendu de là devant une relique (probablement St-Romuald), qui était exposée, après avoir prié devant elle, il a dit à un de ses camériers de la lui apporter, il l'a baisée, l'a touchée avec sa tête, et l'a baisée de nouveau et a dit au camérier de la présenter aux Evêques, car plusieurs autres Evêques s'étaient joints au cortège.... des prêtres, de pieuses dames, des pauvres, des Evêques formaient le cortège et entouraient le St Père. Après cette visite à l'Eglise il a rejoint sa voiture et est reparti nous bénissant et nous laissant joyeux et embaumés de cette bonne et suave visite. Pendant tout le trajet du retour nous ne nous sommes entretenus dans la voiture que de cette heureuse rencontre, de la bonté du Pape, de la joie qu'il répand autour de lui. Les deux Evêques plaçaient comme moi cette rencontre au nombre de nos bonnes journées à Rome !..

« Je reprends ma narration : II° C'est le

21 janvier, que la douce et charmante petite Ste-Agnès est honorée dans toute l'Eglise, et splendidement honorée à Rome. J'ai pu célébrer la messe dans l'Eglise qui lui est consacrée hors des murs de Rome, sur son corps, et le lendemain dans la crypte de l'Eglise bâtie près de la place Navone, sur le lieu où elle fut exposée et où elle subit le martyre ; à l'autel même où existe la statue représentant la croissance miraculeuse de ses cheveux qui indique son triomphe et la purification par son sang de ce lieu infâme où on avait voulu l'avilir. — IIIe Le 30, j'ai célébré la messe dans la crypte de l'Eglise de Ste Martine, à l'autel où repose son corps. J'y ai passé un temps assez long et ai eu la consolation de prier assez longtemps. — IVe Dimanche dernier, j'ai célébré sur le corps d'une autre vierge martyre, Ste-Dorothée, dont on faisait la fête. J'ai dit une de ces messes pour les élèves de la Congrégation et j'ai prié à toutes pour les élèves et les sœurs. — Samedi dernier et diman-

che, j'ai offert la messe pour la neuvaine de l'archiconfrérie avec une intention particulière pour la retraite des élèves et pour ces chers enfants ainsi que vous me l'aviez demandé.

« A l'occasion de la neuvaine de l'archiconfrérie, je me suis rendu plusieurs fois dans ces sanctuaires où existent des images miraculeuses de Marie. Le 29, à l'autel de l'apparition de M.... de Ratisbonne. Le 2, à Ste-Marie, *in via lata* devant une image attribuée à St-Luc. Le 4 février, à Ste-Marie de la Paix ; le 5, à Ste Marie des Anges ; ce matin à Ste-Marie du Peuple.

« Je ne dois pas oublier que le 3 février j'ai obtenu la faveur rare de célébrer devant les saintes reliques de la paroisse de Ste-Croix de Jérusalem. Parmi ces reliques sont : la plus considérable relique de la vraie Croix, le titre de la Croix, deux saintes épines, une portion très considérable de la Croix du bon larron, le doigt de St-Thomas qui toucha les plaies de Notre Seigneur, etc..., etc...

« Partout mon intention s'étend à vous, ma pauvre enfant, à toute la chère congrégation, à ces chers enfants, à toutes les âmes et œuvres qui me sont unies et surtout au Concile, au Pape, à l'Eglise, à toutes les œuvres qui me sont confiées.

« Les sources de grâces sont abondantes ; je cherche à y puiser, mais je ne sais si je saurai les garder et les déverser.

« Je m'arrête pour ne pas manquer le courrier ; vous ne vous plaindrez pas aujourd'hui.

« Je crois que vous avez agi sagement à l'égard de la jeune personne dont vous me parlez. Avec réserve j'ai tracé les règles propres à lui venir en aide... il faut prier et abandonner le reste à Dieu.

« Je vous bénis, je bénis les Sœurs et les Enfants et je vous réitère mes sentiments les plus dévoués en J.-C.

A son retour, M. de Bogenet fit à la Cathédrale un grand sermon où débordaient sa foi et son amour pour le Saint-Siège. Depuis la captivité du Pape, il parlait encore avec plus d'émotion de nos devoirs envers le Vicaire de Jésus-Christ.

Nous avons déjà dit son zèle pour la sanctification du Dimanche et ses encouragements pour l'œuvre qu'il cherchait à promouvoir.

Il aimait aussi les manifestations enthousiastes de nos pélerinages. Notre-Dame de Lourdes le vit venir souvent. Il conduisit à Rome le pélerinage Limousin de 1877. Cette année même il souhaitait de voir un groupe limousin aller prier à Notre-Dame de la Salette.

Sauvagnac fut le sanctuaire de prédilection de M. de Bogenet.

« Les pélerinages, dit M. Dumont, ancien Conseiller aux Cours de Limoges et de Toulouse, dans son histoire de la Chapelle de Sauvagnac, les pélerinages cessèrent au moment de la Révolution. Le 30 janvier 1791, la Municipalité de St-Léger-la-Montagne ferma la Chapelle et enleva la statue miraculeuse, les vases sacrés, les cloches et les ornements. La statue de la Vierge fut cachée dans les granges et les crèches ; elle passait de maisons en maisons et de greniers en greniers, pour que des mains impies ne pussent découvrir sa retraite.

« Après la Révolution elle reprit sa place au fond de la nef. Mais le séjour des troupeaux avait dégradé la Chapelle et les pélerins avaient oublié le chemin de Sauvagnac ; l'œuvre de la restauration fut entreprise par un homme qui a été mêlé depuis bien des années à toutes les grandes choses de ce diocèse et qu'il faut seulement nommer pour le louer, c'est M. le Vicaire Général de Bogenet, qui avait à cœur de remercier la Vierge de Sauvagnac d'avoir plus d'une fois répandu ses bénédictions autour de lui, et qui fit agrandir la petite Eglise en y ajoutant un abside.

« On se souviendra longtemps à Sauvagnac de cette journée du mois de septembre de l'année 1855 où la Chapelle agrandie de l'abside fut inaugurée et bénite. Jamais la foule n'avait été plus pressée. On porta la Vierge sur les sommets boisés d'où le regard embrasse l'horizon immense. L'arrivée de la statue miraculeuse sur ce plateau fut saluée par les cris de joie des pélerins, et sept feux furent allumés dans la lande, en signe des sept joies de la Vierge.

M. de Bogenet fit consacrer les chapelles latérales de St-Joseph et de Ste-Anne par les Evêques de Tulle, d'Angoulême et de Limoges et cette cérémonie amena un si grand nombre de pélerins qu'il fallut sortir la Vierge de la Chapelle et la placer sous les arceaux de verdure...

« Ces montagnes ont entendu bien souvent la voix si persuasive de M. de Bogenet. Ceux qui ont été remués et émus par sa parole ne me pardonneraient pas de l'oublier. » (1).

Tous les ans, au mois de mai et le 8 septembre, il y conduisait un groupe important de pélerins de Limoges. Jusqu'à ses dernières années il fit toujours à pied l'ascension de la montagne. Il aimait à parler des grâces nombreuses qu'il avait reçues dans cette pieuse Chapelle. Il rappelait aussi souvent les guérisons miraculeuses qu'il avait vu s'accomplir sous ses yeux.

Outre la restauration de la Chapelle on

---

(1) On lit dans « M. l'Abbé Bersange » : Sauvagnac est un pauvre village situé à quelques lieues d'Ambazac, au sommet d'une montagne qu'encadrent et dominent les cimes les plus élevées des monts du Limousin. Dans un modeste sanctuaire que la piété de M. de Bogenet a relevé de ses ruines, on vénère une Madone miraculeuse dont le culte remonte jusqu'aux Croisades. Cette vénérable relique des temps de foi a traversé les âges et triomphé des révolutions, plus heureuse que le célèbre monastère de Grammont, situé non loin de Sauvagnac, et dont il ne reste plus que quelques pierres dispersées.

lui doit la construction du clocher en 1889. Il aurait voulu faire beaucoup plus encore. La construction d'une hôtellerie pour les pélerins est restée à l'état de projet. Peu avant sa mort il avait exprimé le désir de le réaliser.

A l'occasion de la canonisation des martyrs du Japon, M. de Bogenet et M. Laroque firent ensemble un pélerinage à Rome. Au retour M. Laroque disait : J'ai vu de M. de Bogenet des choses que je n'oublierai jamais. Si je meurs avant lui, je les laisserai par écrit pour servir à sa vie. »

Nous ne savons pas s'il a tenu parole, il eût été intéressant de savoir quelles choses édifiantes il avait eu la joie de contempler.

M. de Bogenet s'occupa encore activement des Ecoles de Marie, de l'œuvre des Ecoles chrétiennes libres. Il était vice-président du bureau diocésain, examinateur synodal, rédacteur des conférences ecclésiastiques, président d'un bureau d'examen pour les jeunes prêtres et les élèves du Grand Séminaire, vice-président de la liturgie et de l'œuvre des bons livres.

Sa vie a dépassé les bornes ordinaires, mais bien plus encore son activité et son zèle ont été au-delà de ce que les forces d'un homme permettent communément d'accomplir.

Cette vie si simple et si manifestement bénie de Dieu eut-elle des heures de souffrances ? On peut l'affirmer, car le chrétien doit aller au Ciel par la voie de l'épreuve, mais M. de Bogenet avait l'âme si forte et le caractère si vaillant, il savait si rudement dompter la nature que rien ne paraissait au dehors des luttes qu'il avait à soutenir. Ni la souffrance morale ni la douleur physique ne l'abattirent jamais. Si tous ne rendirent pas toujours complète justice à ses mérites et à ses vertus, il sut tout supporter sans se plaindre, uniquement guidé par l'esprit de foi et par des vues surnaturelles.

Une circonstance entre autres nous semble faire briller dans tout leur éclat ces sentiments.

Un décret du Saint-Siège fut rendu en 1872 qui, assignant à la congrégation du Sauveur un rang parmi les familles religieuses de l'Eglise universelle, supprimait selon l'usage, pour les communautés de femmes, le Supérieur Général.

M. de Bogenet eut une peine sensible, mais surmontant la nature, voici ce qu'il écrivait :

« *Limoges, 28 Décembre 1872.*

« *J'ai accepté ce décret en pleine soumission à la volonté de Dieu et à l'autorité du Pape, sans mécontentement et sans plainte. La peine qu'il a pu causer à la nature a été facilement calmée par la pensée des avantages qui en découlent pour la chère Congrégation du Sauveur et de la Sainte Vierge. J'ai déposé toutes mes opinions particulières devant la décision de la Sainte Eglise, qui, pour de très sages raisons, n'est plus dans l'usage de donner aux congrégations de femmes un Supérieur Général. Immédiatement j'ai renoncé à ce titre que je n'avais pas recherché, que j'avais accepté par obéissance et que j'ai conservé pendant trente ans. Je n'ai pas seulement renoncé au titre, je me suis encore abstenu de toutes les fonctions qui lui étaient annexées. Comme toutes mes attributions découlaient de ce titre, je proclame hautement que je ne conserve aucune partie de cette autorité qui m'associait au Gouvernement de la Congrégation et me constituait l'un des éléments principaux de ce gouvernement.*

« J'espère, mes chères filles, que surmontant les peines du cœur et les regrets, vous êtes toutes entrées dans les mêmes sentiments de soumission à la volonté de Dieu et à la décision du Saint Siège.

« Après cette profession franche et claire, je n'hésite pas à ajouter : si les liens de l'autorité et de la subordination sont rompus, il n'en est pas de même des liens du cœur. La providence qui a associé mon

existence à celle de la Congrégation pendant trente ans, qui m'a donné pour vous toutes un cœur de père et à chacune d'entre vous un cœur d'enfant, n'a pas brisé les liens qui découlent de cette union et de cette affection réciproque et surnaturelle. »

Mais cet exemple de soumission qu'il donnait si simplement, M. de Bogenet voulait qu'il fût suivi et il savait l'imposer avec bonté mais aussi avec fermeté.

Voici ce qu'il écrivait le 6 octobre 1859 à une Supérieure déposée.

« Ma chère fille en J.-C.

« J'ai reçu successivement vos deux bonnes lettres dont j'ai été très content. Après avoir sérieusement pesé toutes choses avec la R^de Mère, nous avons pensé que votre état de santé demandait pour le moment un repos absolu, soit à la Maison-Mère, soit à la maison de Clermont, si à cause du long séjour fait dans cette ville l'air vous est plus favorable, nous vous autorisons de grand cœur à rester en Auvergne. Je fais des vœux pour que votre santé s'améliore et nous serions heureux que le repos vous rendît assez de force pour remplir de nouveaux emplois dans la Congrégation.

« Vous serez heureuse, ma chère fille, de rentrer sous l'obéissance, et, dans cette nouvelle position, vous donnerez aux sœurs l'exemple des vertus d'une bonne religieuse.

« Vous installerez vous-même Sœur N. qui est bien aise de vous garder près d'elle, de vous soigner, de s'édifier près de vous, et avec cette simplicité qui est dans l'esprit de la congrégation, vous déposerez avec joie le fardeau de la supériorité, et avec joie aussi, vous rentrerez dans le rang de simple sœur.

« Je tiens beaucoup à imprimer cet esprit dans la Congrégation et je compte sur vos exemples édifiants pour le faire comprendre, aimer et pratiquer.

« Je vous bénis ma chère fille avec l'effusion de mon cœur de Père. »

A la même, 9 Octobre 1859.

« Ma chère fille en J.-C.

« Je crois devoir vous transmettre quelques instructions pour compléter ce que je vous ai dit dans ma dernière lettre.

« A l'arrivée de sœur N. je vous charge de l'installer et de l'accompagner dans ses visites, si votre santé vous le permet.

« L'intention de la R^{de} Mère et la mienne, sont que vous l'accueilliez avec une cordiale bonté, que vous lui soyez très unie. Nous désirons que quoiqu'elle devienne votre supérieure, et votre mère, elle vous aime comme une fille et soit votre bâton de vieillesse.

« Elle eût désiré beaucoup vous conserver le titre de Mère, ainsi que les insignes attachés à vos anciennes fonctions. Le désir commun des supérieurs généraux est, qu'en déposant le titre, on les dépose : C'est le moyen de faire pratiquer l'humilité aux Sœurs, de couper la racine à la vanité et de donner à la Congrégation et aux gens du monde des exemples édifiants.

« Votre cœur de bonne religieuse comprendra cela, entrera dans nos vues et sera heureux de repousser toute distinction et d'entrer dans la voie de l'obscurité, de la vie cachée et de l'humilité. A cet égard soyez grande, généreuse et exigez vous-même que la nouvelle Supérieure, les sœurs et les élèves se conforment à nos intentions.

« Il est toujours beau de voir déposer l'autorité avec simplicité et sans regret.

« Vous prêterez en tout votre appui à la Mère N., vous serez heureuse de lui rendre des services, quand elle le voudra, et de ne jamais vous imposer. Montrez-vous prête et empressée pour tout ce qu'elle vous demandera.

« Pour le moment reposez-vous, à mesure que vos forces reviendront, nous verrons ce que nous pourrons vous confier. »

A la même, 14 Octobre 1859.

« Ma chère fille en J.-C.

« Je viens de recevoir votre bonne lettre. Elle m'a bien consolé ! Elle ne m'a pas surpris car je croyais vous connaître assez pour être assuré que vous entreriez avec joie dans nos vues. Je vous remercie au nom de N. S. et de la Congrégation du bon exemple que vous avez donné.

. . . .

« Je vous remercie de tout le bien que vous avez fait à Clermont, votre repos sera un *service continué*, car vous prierez beaucoup pour cette chère Congrégation, et, par votre régularité, votre tendre charité, et votre humilité, vous édifierez les sœurs.

« Rendez à la Mère N. tous les services que vous pourrez lui rendre et aimez la moins comme une Mère que comme une fille digne de toute votre tendresse. Je vous bénis »

. . . .

Monseigneur Duquesnay n'ayant pas cru

devoir lui donner une délégation spéciale pour les communautés du Sauveur du diocèse de Limoges, Monsieur de Bogenet en souffrit mais ne se plaignit pas.

Monseigneur Lamazou, dès son arrivée, le chargea de prendre soin, avec le titre de Supérieur de la Maison Mère, des communautés du diocèse.

M. de Bogenet écrivit à ce sujet :

« Limoges, 27 Décembre 1881

« J'ai accepté cette mission dans l'unique désir de correspondre aux desseins du Sauveur et de sa sainte Mère, et de faire encore un peu de bien, dans les dernières années de ma vie, à cette congrégation qui m'est unie par des liens surnaturels et indissolubles, parce que c'est Dieu qui les a formés. Je vous apporte le même cœur, le même dévouement ; je serai pour vous toutes, ce que j'ai été dans le passé, dans tout ce qui sera compatible avec les décisions du Saint-Siège, que j'ai acceptées sans restriction, et qui seront toujours la règle de mes actes. »

CONGRÉGATION DU SAUVEUR

Dans les desseins de Dieu, M. de Bogenet devait coopérer à une œuvre providentielle qui, née dans le diocèse de Limoges, y avait déjà grandi et était destinée à prendre de nouveaux accroissements sous la double et puissante impulsion qu'elle allait désormais recevoir.

La Mère Marie de Jésus du Bourg (1) avait fondé en 1834 la Congrégation du

(1) La Mère Marie de Jésus du Bourg, dont la vie a été écrite par M. l'abbé Bersange, naquit en 1788. Son père : Mathias, Henri, Pierre du Bourg, Conseiller au Parlement de Toulouse, habitait le Château de Rochemontès. Il était l'aîné de 21 enfants parmi lesquels : Mathias Philippe, plus tard Evêque de Limoges, Madame d'Omezon et Madame de Mazade (parente de M. de Mazade, de l'Académie française ; et de M. Alexandre de Mazade, déjà cité dans cet ouvrage, au Chapitre : Famille de Monsieur le Vicaire Général de Bogenet, branche de Lavillatte).

Sauveur et de la Sainte Vierge, dont le Supérieur Général, M. l'abbé Guines, obéis sant à la voix intérieure qui l'appelait à une vie plus parfaite, venait en 1841 de résigner les fonctions.

Il fallait un remplaçant. Le regard inspiré de la fondatrice se tourna vers le Vicaire Général de Limoges, M. de Bogenet, et après avoir longtemps prié, d'accord avec son conseil, elle demanda à Monseigneur de Tournefort, de vouloir bien agréer et faire agréer son désir.

Elle écrivit à ce sujet à Mère Thérèse de Roffignac :

« Oui, il me semble que Dieu nous destine M. de Bogenet, pour remplir les fonctions de Supérieur, et s'il n'accepte pas, je m'adresserai à lui tout de même. Dites à M. de Bogenet qu'il dise ce qu'il voudra .... j'irai toujours à lui comme à celui que Dieu nous désigne, qu'il refuse ou qu'il accepte ce sera tout un. » (1)

____

(1) Désirant assurer un bon accueil à sa lettre, Mère Marie de Jésus envoya Mère Thérèse de Roffi-

Sans doute M. de Bogenet eut l'intuition secrète qu'il était bien celui que Dieu avait choisi, car il accepta, et nommé Supérieur Général de la Congrégation du Sauveur au mois d'octobre il prit possession de sa charge le 21 novembre de cette même année 1841.

Voici la lettre qu'il écrivit à ce sujet :

« Limoges 8 Décembre.

Jour de l'Immaculée Conception de la Très Sainte Vierge 1841.

« Mes bien Chères Sœurs et filles en J.-C.

« Votre choix confirmé par Monseigneur l'Evêque de Limoges et approuvé par Nos Seigneurs les Evêques de tous les Diocèses

---

gnac plaider sa cause auprès de M. de Bogenet. Elle remplit sa mission avec succès et en apprit l'heureuse nouvelle par cette lettre du 26 novembre : « Monsieur de Bogenet, lui disait Mère Marie de Jésus, accepte d'être notre Supérieur Général. Il écrit aux Evêques afin d'avoir leur agrément et leur bénédiction. »

où vous avez des établissements, m'ayant paru être une manifestation de la volonté de Dieu, j'ai cru devoir, malgré mon indignité, accepter le titre de Supérieur Général de la Congrégation du Sauveur et de la Très Sainte Vierge. Si je n'avais pas regardé cela comme un ordre de Notre Seigneur et de sa Très Sainte Mère je n'eusse pas hésité à refuser, car je n'ai ni les connaissances, ni l'expérience, ni le temps nécessaire pour exercer d'aussi importantes fonctions. Ne trouvant rien en moi sur quoi je puisse m'appuyer, je compte uniquement sur l'assistance de Dieu qui n'appelle jamais à un emploi sans donner les grâces suffisantes pour bien en remplir les obligations. Je crois même avoir ressenti déjà sa divine action, car il semble qu'il a mis dans mon cœur un grand amour pour votre congrégation et un vif désir de travailler à son affermissement et à son développement.

« Si je ne me fais pas illusion, le Seigneur qui choisit de préférence pour l'accomplissement de ses grands et éternels desseins *ce qui est faible et méprisable selon le monde*, a des vues de miséricorde sur cette petite société et il veut s'en servir pour se faire glorifier et pour sauver bien des âmes. Je vous dirai donc avec l'apôtre : Mes Sœurs « *Considérez votre vocation et marchez d'une manière digne de cette vocation.* »

« Vous êtes appelées à imiter le Sauveur *dans sa vie conversante avec les hommes et dans sa Charité envers les pauvres* et à travailler dès lors au moins indirectement au salut des âmes. Tenez pour certain que vous ne réussirez dans une œuvre aussi difficile qu'en marchant sur les traces de ce divin modèle qui a dit en parlant de lui-même et des hommes : *Je me sanctifie moi-même pour eux, afin qu'ils soient sanctifiés.*

« Ce sera surtout par la bonne odeur de vos vertus, par la modestie de votre extérieur et par l'onction de vos paroles que vous gagnerez les âmes.

« *Vous êtes appelées à vous appliquer à l'instruction de la Jeunesse*, c'est-à-dire à cultiver des plantes éternelles et à élever *des enfants à Dieu ?...* Ne perdez jamais de vue que le but de l'éducation chétienne n'est pas seulement de cultiver l'esprit et de communiquer quelques sciences futiles et vaines, mais de former les jeunes personnes aux habitudes et aux pratiques de la vie chrétienne. Si l'éducation n'est pas *profondément et essentiellement religieuse,* elle est nulle pour ceux qui la reçoivent et peu ou point méritoire pour ceux qui la donnent. A l'imitation de St-Paul, attachez vous donc à *former J.-C.* dans vos élèves et à les rendre parfaites en J.-C. Mais vous n'atteindrez ce but qu'autant que J.-C. sera formé en vous-même et qu'il y en aura en vous quelque chose de la perfection du Christianisme, car *c'est un axiome incontestable qu'on ne peut donner ce qu'on n'a pas.* Vivez surtout de telle sorte que votre vie soit un enseignement sensible et continuel pour vos jeunes élèves et qu'elles n'aient qu'à jeter les yeux sur vous pour savoir comment elles doivent agir. Ayez soin encore de leur inspirer une tendre et solide dévotion pour *Marie* qui, selon St-Bernard, doit être *le grand sujet de notre confiance et tout le fondement de notre espérance.*

« *Hœc mea maxima fiducia, hœc tota ratio spei meœ.*

Mais comme les corporations religieuses ressemblent au corps humain, dont les membres n'ont de vie et de mouvement qu'autant que le corps entier est vivant, les individus qui composent cette association n'ont la vie et la perfection nécessaires pour remplir leur mission qu'autant qu'ils la puiseront dans la congrégation et qu'autant que la congrégation elle-même *sera vivante,* c'est-à-dire remplie de l'esprit chrétien et de l'esprit religieux propre à sa vocation.

« Vous devez encore tenir pour certain que la congrégation et les membres n'obtiendront, ne conserveront et n'augmenteront en eux cet esprit chrétien et cet esprit religieux que par une fidèle, scrupuleuse et chrétienne observation des règles et constitutions ; oui mes sœurs, vous ne serez de véritables filles du Sauveur et de la Sainte-Vierge qu'autant que vous vous appliquerez à les imiter par une grande fidélité à vos devoirs, et, à conserver et faire croître en vous cette ferveur qu'on remarque dans vos maisons comme dans toutes les associations naissantes, mais qu'il est si facile de perdre pour toujours.

« A l'exemple du Grand Apôtre nous ne cesserons de prier pour vous, demandant à Dieu de vous remplir de la connaissance de sa volonté, en toute sagesse et intelligence spirituelle, afin que vous marchiez d'une manière digne de Dieu, lui plaisant en toutes ces choses, fructifiant en toute bonne œuvre, croissant dans la science de Dieu, et de vous fortifier en toute vertu par la puissance de sa gloire. Nous demanderons par dessus tout *l'esprit d'obéissance* et de *charité*, car nous sommes profondément convaincus que cette congrégation ne subsistera et ne se développera qu'autant qu'elle sera une, comme si elle ne formait qu'une seule personne, et qu'il y aura en elle la même harmonie que dans un corps humain bien organisé, ce qui ne peut avoir lieu sans une *obéissance absolue et aveugle envers les supérieurs et sans l'union fra-ternelle parfaite* entre tous les membres. En l'absence de ces deux choses il ne peut y avoir ni unité de vues, ni impulsion forte, ni concours simultané !.... Si ces deux vertus ne régnaient pas dans l'association, elle végéterait, languirait et finirait par se fractionner, se dissoudre et périr. Pour prévenir un pareil malheur nous devons unir tous nos efforts et prendre tous les moyens convenables pour conserver et per-fectionner *l'esprit de subordination envers les Supérieurs et l'esprit d'union* entre tous les établissements et tous les individus, et pour produire une telle unité de vues et d'actions et une telle uniformité de senti-ments qu'on puisse dire de tous les établis-sements et de tous les membres qu'ils n'ont qu'un cœur et qu'une âme.

« J'espère que le Seigneur aura égard à

ma bonne volonté, je compte surtout sur l'assistance de Marie, je n'ai voulu rien faire que sous ses auspices. Je m'abandonne à Elle qui est la première Supérieure de l'ordre et je désire n'agir que dans sa dépendance et sous son impulsion. Je la conjure chaque jour de prendre soin de cette congrégation la regardant comme son œuvre et de considérer chaque membre comme ses enfants de prédilection. Combien je désire qu'elle se serve de cette association et de chacun de ses membres comme d'autant d'apôtres pour propager partout sa dévotion et spécialement celle de son très saint et immaculé cœur qui opère dans tous les lieux où elle s'établit de si merveilleux effets pour la conversion des pécheurs, la sanctification des âmes.....

« Comme c'est *Dieu qui opère le vouloir et le faire*, je vous conjure, mes chères sœurs, par sa très Sainte Mère, d'adresser à Notre Seigneur des prières spéciales, dans le but de m'obtenir les grâces nécessaires pour coopérer à l'exécution des desseins de Dieu sur cette congrégation.

« Que la grâce de N.-S. J.-C. et la charité de Dieu et la communication du Saint Esprit soient en vous toutes.

« Je vous salue toutes avec une affection paternelle dans les Saints Cœurs de Jésus et de Marie. »

L. Dissandes de Bogenet
Supérieur Général de la C^{tion} du Sauveur
et de la Ste Vierge.
J. M. J.

Remplie de joie, et de reconnaissance pour l'acceptation de M. de Bogenet la mère Marie de Jésus du Bourg écrivait à cette occasion :

« Nous devons bien des actions de grâces à Notre divin Sauveur et à sa Sainte Mère pour nous avoir donné pour Père et pour supérieur M. de Bogenet. On retrouve en lui un redoublement de zèle et de charité depuis sa nomination.

Dans la haute position où devait le maintenir si longtemps la confiance des Evêques de Limoges, M. de Bogenet donnait l'exemple de toutes les vertus ecclésiastiques et inspirait le plus grand respect à tout le clergé par sa science et sa vertu. Confiée à une telle direction la congrégation du Sauveur allait prendre un nouvel essort.

Le premier soin du nouveau supérieur fut de hâter la construction d'une Maison-Mère digne de la grande famille dont il allait être le chef. Sans doute la maison de la Souterraine avait un peu dépouillé l'extrême pauvreté des premiers temps. Les novices n'étaient plus obligées de transporter leurs sièges quand elles passaient d'une salle dans l'autre pour vaquer aux divers exercices de la journée. Elles ne se servaient plus de tables d'emprunt ; mais la maison délabrée qu'elles habitaient était trop petite et menaçait ruine de tous côtés.

Dans les derniers jours de décembre 1841, pendant que le dévoué curé de la Souterraine, M. Cazeaud, s'occupait de faire dresser les plans, la supérieure louait une maison et le 15 Janvier 1842 commençait le déménagement du pensionnat.

Quand vint le printemps les vieux murs furent condamnés à disparaître.

De la fenêtre de son humble cellule la bonne Mère voyait ces travaux et en suivait les progrès avec sollicitude.

Madame du Bourg avait bien dit : Désormais la congrégation possédait en M. de Bogenet à la fois un Père et un Supérieur.

Père il le fut en effet et n'a cessé de l'être pendant cinquante-six ans, il a mis au service de sa famille religieuse, les forces vives de son cœur, les trésors de son dévouement, les ardeurs de son zèle.

Supérieur de l'Institut, sa constante préoccupation fut d'asseoir le nouvel édifice élevé dans l'Eglise sur les bases solides qui seules créent les œuvres durables : la régularité, l'esprit de sacrifice, l'amour de Dieu et des âmes.

Pendant plus de vingt ans, M. de Bogenet eut le « bonheur », c'était son expression favorite quand il abordait ce sujet, de travailler avec la vénérée fondatrice. — grand bonheur en effet ! — Car quelles lumières, quelles grâces, quelle puissance pour le bien devaient jaillir du contact de ces deux âmes que Dieu avait rapprochées pour sa gloire, le salut d'un grand nombre et leur propre sanctification.

Le Supérieur Général eut la conduite de la Mère Marie de Jésus à cette époque de sa vie où la pieuse fondatrice, déjà consommée dans la vertu, allait gravir les hauts sommets de la sainteté, porter ses fruits les plus féconds et dérouler enfin dans son ensemble et aux yeux de tous le plan divin, pour longtemps ignoré ou incompris de son existence prédestinée.

Ce fut donc à M. de Bogenet qu'il appartint de mettre la dernière main, de donner son dernier lustre à cette œuvre la plus digne de Dieu, la plus belle aux yeux des anges et aux yeux des hommes, la perfection de la sainteté dans une créature humaine.

M. de Bogenet s'est toujours plu à affirmer les grandes grâces qu'il avait reçues de cet échange entre ces deux âmes qui allaient puisant sans cesse à la même source divine.

Quand la servante de Dieu passa à une vie meilleure ce fut M. de Bogenet qui fut chargé de prononcer son oraison funèbre.

En Octobre 1863, un an après la mort de la fondatrice, M. de Bogenet présida à Limoges, un chapitre général pour la composition du Coutumier de la Congrégation. Il écrivait à ce sujet aux religieuses du Sauveur :

1ᵉʳ Juin 1864

La présence sensible de la sainte fondatrice nous manquait sans doute, mais l'esprit qui l'avait animée remplissait tous les membres. C'était la même union, la même simplicité, la même confiance, la même unité de vue, le même amour pour l'œuvre que Dieu l'avait chargée d'établir. »

Ajoutons à ces lignes, *ce qu'il ne dit pas, ce que son humilité l'empêche de voir ;* que cet ensemble si édifiant était dû en grande partie à ce véritable Père de la congrégation.

Dans la même lettre M. de Bogenet fait part à ses filles d'une grande joie :

« *Trois maisons nouvelles ont été fondées ; l'une d'elles, que je désirais établir depuis longtemps, est destinée à rendre plus étroits les liens qui m'unissent à la Congrégation. Je désire vivement que cette communauté de Pionnat, soit une source de grâces pour moi et qu'elle supplée à mes nombreux manquements, qu'elle couvre un peu la nudité et la pauvreté de ma vie ; qu'elle contribue au salut des membres de ma famille, au soulagement de ceux qui souffrent en Purgatoire et à la Sanctification de la paroisse entière.* »

Cette œuvre de Pionnat (1) était bien en

---

(1) On sait que Pionnat est situé à peu de distance du Château de Bogenet.

effet celle de son cœur. Il y consacrait une partie de ses ressources, il a assuré son avenir à perpétuité, elle eut ses derniè- res tendresses, les dernières ardeurs de sa parole apostolique, presque les dernières fonctions de son ministère.

M. de Bogenet eut sur la Congrégation du Sauveur une action immense. Non seu- lement il prêcha quantité de retraites, mais encore par des lettres circulaires adressées à toutes les communautés dans toutes les circonstances graves et au commencement de chaque nouvelle année, il ranimait dans les âmes les grandes vues, les grandes intentions qui dirigeaient la sienne.

De ses lettres circulaires on pourrait tirer la substance de son esprit : Amour de Dieu, amour de N. S. J.-C., amour des âmes, amour de l'Eglise, amour des pau- vres, amour des enfants. La fin de toute chose, c'est l'amour : ce prêtre éminent l'avait au cœur :

Nous prenons au hasard dans une de ses circulaires :

« Dans ces jours mauvais, ayez toutes à cœur de consoler l'Eglise et le cœur de Jésus par votre sainteté, d'aider l'Eglise et la Société par vos prières et vos bonnes œuvres, de former les jeunes filles qui vous sont confiées aux vertus chrétiennes, de donner votre concours à la régénération religieuse que nous désirons tous vivement et de devenir de vraies filles du Sauveur et de la Sainte Vierge. — Janvier 1872.

Chaque année M. de Bogenet recommandait d'une manière pressante la neuvaine de l'archiconfrérie.

« Elle sera offerte pour le Pape, l'Eglise, la France, le diocèse de Limoges, la congrégation, les œuvres et les personnes recommandées...... Priez et faites prier vos élèves. »

Sans cesse il recommande N. S. P. le Pape, Monseigneur l'Evêque, le diocèse.

Son amour pour l'Eglise éclate surtout à l'époque du Concile général du Vatican.

Avant de partir, il vient faire ses adieux à la maison mère et dans un langage éloquent il fait vibrer au cœur de toutes, ces deux noms chers à tous les catholiques : Rome et Pie IX. « *Oh ! mes chers enfants que toute préoccupation humaine et individuelle disparaisse devant cet événement religieux à jamais mémorable.......... Que nos cœurs n'aient plus qu'une pensée : le Concile ; un vœu pour le Concile !* »

Il nous semblait en entendant M. de Bogenet, écrit la Révérende Mère Marie de la Croix, être à ces époques héroïques où, à la voix d'un St-Bernard, les populations ébranlées se levaient en masse en s'écriant : « Dieu le veut. »

LETTRE

DE

Mme LA MARQUISE DE BAGNAC

———

La direction forte et paternelle que M. de Bogenet donnait aux communautés, profitait aussi aux âmes du monde qui avaient le bonheur de se confier à lui.

Madame la Marquise de Bagnac, donne en quelques pages, une idée très vraie du vénérable prêtre, qu'il nous soit permis de les reproduire ici.

« A Monsieur l'Abbé Ardant.

« Bagnac, 5 Mars 1902

« Monsieur l'Abbé,

« Ayant lu dans la Semaine Religieuse, un appel aux souvenirs du bon Monsieur de Bogenet, j'ai pensé que ceux dont je vous avais déjà envoyé le récit n'avaient pas été assez complets et avaient pu n'être pas conservés. Je joins donc ici quelques lignes de reconnaissant souvenir pour ce bon Père dont je vous prie de faire ce que vous croirez préférable.

« Veuillez agréer Monsieur l'abbé, mes sincères félicitations pour la belle et vaillante lutte que vous soutenez si brillamment, espérons que vous vaincrez, Dieu combat avec vous.

« Veuillez agréer, Monsieur l'abbé, l'expression de mes respectueux et très distingués sentiments. .

P. M^{ise} DE BAGNAC.

« Ayant eu le bonheur incomparable, ajoute Madame de Bagnac, d'avoir reçu des conseils du bon et saint Monsieur de Bogenet, depuis la première ou seconde année après mon mariage (1), je considère comme un devoir pour moi d'affection et de reconnaissance envers lui, de répéter ce que j'ai déjà écrit à la direction de la Semaine Religieuse de Limoges, peu de mois après la mort de ce saint directeur.

« Sa renommée de sainteté, puis sa grande bonté, dans une tournée pastorale qu'il faisait avec Monseigneur Buissas, à Saint Bonnet (2), logeant à Bagnac, m'avaient portée à lui demander des conseils, il voulut bien me les donner, dans chaque besoin de mon âme, je trouvais dans sa paternelle direction, la force et la consolation.

« Monsieur de Bagnac partageait mon respect et ma confiance en Monsieur de

---

(1) Le Marquis de Bagnac avait épousé le 26 Mai 1852 Mademoiselle Elise de Préaulx, fille du Comte Charles de Préaulx et de Alexandrine Elise de Grandeffe (*Biographie de J.-B.-A. de St-Martin, Marquis de Bagnac*).

(2) M. le Marquis de Bagnac a fondé, de concert avec M. le Comte Joseph de Monbron, la petite communauté et l'école congréganiste de St-Bonnet. (*Biographie de M. le Marquis de Bagnac*).

Bogenet, bien souvent nous venions ensemble passer des heures dans de longues et intéressantes causeries sur les événements, le malheur des temps, les devoirs à remplir, les espérances dans un avenir meilleur, que ces deux cœurs remplis de Foi mettaient en la venue d'Henri V, le Roi très chrétien (1) ; puis, survinrent avec des temps plus mauvais, les mêmes entretiens dans le déchirement des espérances déçues.

« Vint le moment des expulsions, c'est ensemble avec le pieux Larondie, qu'ils partaient à quatre heures du matin pour passer la journée à Luyat, chez les bons pères Fransciscains, menacés d'expulsion.

« Le 6 décembre 1886, Monsieur de Bogenet, voulut bien venir bénir la chapelle de Bagnac, puis le 27 octobre 1891, Monseigneur ayant l'extrême bonté de bénir cette même chapelle, Monsieur de

---

(1) Voir dans notre Notice préliminaire la lettre si douloureusement émue de M. le Vicaire Général de Bogenet au sujet de la mort d'Henri V.

Bogenet l'accompagna et ce fut lui qui érigea le Chemin de la Croix ; avec quello admirable foi il fit cette pieuse cérémonie, son cœur débordait d'amour pour le divin Sauveur dont il énumérait les douleurs. En 1893, j'eus encore recours à sa bienveillance pour bénir la chapelle du cimetière de St-Bonnet ; là encore il érigea le Chemin de la Croix, après avoir célébré la première messe qui fut dite près du tombeau de mon mari bien aimé. Le moment si cruel pour moi arriva, la mort de Monsieur de Bagnac (1), c'est alors que la pa-

---

(1) (*Biographie de M. le Marquis de Bagnac*). « M. le Marquis de Bagnac (mort en 1892) emporte bien des regrets, non seulement de la localité, mais de toute la contrée, de tous ceux qui ont eu le bonheur de le connaître. M. le Marquis de Bagnac était grand par sa naissance, mais bien plus encore devant Dieu par ses vertus et par le bien qu'il a fait. Il était la providence des pauvres, l'homme de prières, l'enfant dévoué de l'Eglise. Imitons les beaux exemples qu'il nous a donnés, et arrivés à la fin de notre carrière, comme lui pleins de mérites, nous paraîtrons devant Dieu avec confiance. (Discours de M. l'abbé Bessonneaud).

ternelle bonté de Monsieur de Bogenet lui fit me dire : Quand vous viendrez à Limoges je veux que vous logiez chez moi.

« J'usai et abusai peut-être de cette bienveillante permission, trouvant près de ce bon Père des forces, la résignation dans des pensées de Foi et d'Espérance.

« Ces petits séjours dans cette sainte maison, me font un devoir d'en faire connaître quelques uns des pieux mystères.

« C'était à quatre et cinq heures du matin que malgré ses quatre-vingt-dix ans, Monsieur de Bogenet se levait chaque jour, il disait sa messe à sept heures presque toujours à l'autel de la Ste-Vierge à la Cathédrale. Cette messe, il faut y avoir assisté comme moi bien souvent pour comprendre toute la Foi et la piété admirable de ce saint prêtre qui semblait voir réellement ce qu'il croyait.

Deux autres discours fort élogieux furent prononcés, l'un au service de quarantaine par M. de Bogenet, Vicaire Général ; l'autre au service anniversaire par M. Pinot, curé de Saint-Michel-des-Lions, à Limoges ».

« Il me dit bien souvent en me parlant du secours de la sainte messe pour les âmes du Purgatoire : Quand je monte à l'autel pour dire la sainte messe pour une personne défunte, j'éprouve le sentiment du besoin qu'elle en a ; pour telle personne j'ai l'intime conviction qu'elle en a besoin, pour telle autre qu'elle est au ciel.

Nous nous retrouvions à midi, le repas n'était servi qu'après l'Angelus récité en commun ; très simple mais confortable ce repas était offert avec l'hospitalité charmante des temps anciens, la conversation animée ; la bonne sœur Jean-Baptiste nous servait, de nombreux pauvres agitaient la sonnette, à quelques moments que ce fût ils étaient secourus, Monsieur de Bogenet ne craignant point de se déranger remettait lui-même, soit à sœur Jean-Baptiste, soit à sœur Marie des Anges, l'aumône qu'il voulait donner. Il s'informait du nom, du besoin du quêteur, du nombre des enfants et toujours il donnait.

« Le soir, après le repas et quelques

instants de conversation, la prière se faisait avec les deux bonnes sœurs, et, à neuf heures chacun rentrait dans sa chambre.

« J'eus une fois le bonheur de me trouver à Noël chez Monsieur de Bogenet ; retenu au confessionnal à la Cathédrale, il avait recommandé que l'on me servît ma collation sans l'attendre ; ce ne fut qu'à onze heures qu'il revint, en toute hâte, il avala un potage, puis il partit pour le Couvent du Bon Pasteur, je l'y suivis, il confessa jusqu'à minuit, heure à laquelle il monta à l'autel, il fit une pieuse, bien pieuse instruction à cette première messe ; donna la sainte communion à peut-être trois cents personnes, continua les deux autres messes et ne descendit de l'autel qu'à trois heures et demie ; à quatre heures il rentrait chez lui prendre un peu de repos, à six heures il retournait à la Cathédrale, pour service obligatoire, Monseigneur devait officier ; il ne rentra de nouveau chez lui qu'après toutes les cérémonies accomplies, et cette année là qui était 1895, il avait quatre-vingt-dix ans.

« Le 16 Août 1897, j'éprouvai un très grand désir d'aller voir cet excellent ami, il venait de passer quelques jours dans sa famille à Bogenet, d'où il avait bien voulu m'écrire quelques lignes, annonçant la santé et la joie de se retrouver avec les siens dans son pays.

« Je devais partir le 17 par le premier train, quand le soir du 16 le journal m'apprit qu'il était malade. Mon voyage n'en fut que plus certain. J'arrivai à huit heures 1/2 au moment où on lui apportait le Bon Dieu, c'était dans son cabinet, sur son fauteuil habituel, qu'il reçut son Divin Visiteur.

« J'eus le bonheur d'y assister ; m'étant retirée sans rien dire il me fit chercher, me faisant dire de venir déjeuner avec sa nièce qui se trouvait près de lui.

« Je revins, j'eus le bonheur de passer avec lui un assez long moment, il me dit : « Je vais déjeuner avec vous. » Mais hélas !

le mal faisait des progrès rapides sans qu'il s'en aperçût, il ne put descendre à table. A peine y étions nous qu'on vint nous pré-venir de l'intensité du mal. Il s'était cou-ché et, sentant la mort approcher, il priait tout haut avec une ardente foi, il deman-dait l'onction sainte et Monseigneur.

« Son confesseur arrivé le premier com-mença la sainte cérémonie pendant laquelle entra Monseigneur et tout le clergé ; Mon-seigneur lui présenta les prêtres, puis les religieuses dont il était le Supérieur et le fondateur afin qu'il les bénît, ce qu'il fai-sait en pleine connaissance et avec tout son cœur.

« Monseigneur voulut bien m'appeler aussi. Je baisai cette sainte main étendue sur le lit, gonflée par la mort; tournant ses yeux mourants vers moi, il me dit : *« Je n'ai jamais oublié »*. Ce furent ses dernières paroles et son dernier regard sur la terre. Ces paroles étaient inspirées par le souve-nir de Monsieur de Bagnac pour lequel il avait tant de bienveillance ; cette béné—

diction pour moi était la continuation du soutien si paternel qu'il m'avait donné depuis cinq ans.

« A la douloureuse et dernière cérémonie, tout Limoges était représenté, il avait voulu le modeste enterrement des pauvres, ils y étaient venus bien nombreux. Tous les assistants pleuraient, riches et mendiants tous perdaient un père, un conseiller fidèle et sûr, un ami dévoué ; aux miséreux il avait donné le pain qui soutient le corps, et à tous, pauvres et riches, celui qui soutient l'âme et console dans la douleur.

« Un an s'écoula et je fus conviée à assister au service à Pionnat. M'y rendant dans l'omnibus de Bogenet, venu me prendre à la gare d'Ahun, ainsi que cinq ou six religieuses, nous cheminions le cœur rempli des souvenirs du saint pour lequel, plutôt avec lequel nous allions prier, lorsque je me sentis absorbée par le chant admirable de l'office des morts résonnant dans mon cœur et mes oreilles, le magnifique psaume : *Venite,* tout me semblait chanté par des voix angéliques tant elles étaient ravissantes ; très absorbée par cette belle musique, j'entendis tout à coup les religieuses dire : Ce bon Monsieur de Bogenet, nous passons bien près de lui, voyez le cimetière de Pionnat.

« Le beau chant continuait toujours, je ne cessai de l'entendre qu'après le passage du bourg de Pionnat.

« Ce souvenir m'est resté bien présent, je le conserve avec bonheur, espérant qu'il était pour moi la preuve du bonheur dont jouissait déjà celui que nous allions invoquer tout en priant pour lui. »

LETTRES D'ENCOURAGEMENT

Le 18 avril 1892 M. de Bogenet écrivait à Madame la Marquise de Bagnac.

Evêché de Limoges.

« Très honorée et chère Madame,

« Votre bonne lettre m'a bien touché. Elle confirme mes appréciations sur l'étendue de vos regrets et de votre douleur. Ce qui doit les adoucir c'est la considération des vertus de votre cher mari, de ses longues souffrances supportées avec tant de résignation et de sa sainte mort (1).

(1) La fin de Monsieur de Bagnac, comme l'avait été sa vie, fut en effet des plus édifiantes : « Vous pouvez, disait sœur Delphine à Madame de Bagnac, avoir une immense espérance après une si sainte mort. Je n'ai jamais rencontré chez aucun mourant,

« Continuez de beaucoup prier pour lui parce que nous ne pouvons connaître, sans une révélation, la sévérité des jugements de Dieu, mais vous avez la douce confiance qu'il est au nombre des élus. Cette confiance doit vous porter à prendre les

---

laïque ou religieux, des sentiments plus admirables de résignation chrétienne, de soumission à la divine volonté, de confiance dans la miséricorde de Dieu. Cet homme si troublé pendant sa vie, par une délicatesse de conscience exagérée, n'a pas exprimé une inquiétude, une plainte, un regret de quitter la vie. »

L'espace nous manque ici pour redire en entier les belles paroles de Monsieur Paul de Monvallier, retraçant les grandes qualités du Marquis de Bagnac : « Au moment où la main de la mort vient coucher dans la paix du tombeau, ce dernier descendant d'une vieille et glorieuse race, dit Monsieur de Monvallier, laissez-moi contempler une fois encore sa fière et chevaleresque figure et saluer les hautes et fortes vertus qui donnaient à sa personnalité un relief si expressif et si rare, je veux dire : la loyauté, le désintéressement, la liberté, la courtoisie, la vaillance des anciens preux, unis à la foi du chrétien. »

Pie IX avait nommé Monsieur de Bagnac, Chevalier de Saint-Sylvestre. Léon XIII lui envoya la décoration de Saint-Grégoire-le-Grand. (*Biographie de M. le Marquis de Bagnac*).

moyens d'effacer les taches qui peuvent retarder l'entrée dans le ciel.

« Vous méditerez avec profit ces consolantes paroles de nos livres saints : *Bienheureux ceux qui meurent dans le Seigneur, la mort des Saints est précieuse devant Dieu.*

« Selon votre désir, je continuerai de prier avec vous pour votre cher défunt, et pour vous afin que vous portiez en chrétienne cette grande épreuve à laquelle vous deviez vous attendre.

« Je m'unirai aux prières et à la sainte messe du 26.

« Je vous bénis et renouvelle tous mes sentiments de condoléance et de respect dévoué et sympathique en N. S.

L. D. DE BOGENET
J. M. J.

Quelques années avant, M. de Bogenet écrivait à son parent M. Dronsart de Cantin (1) à l'occasion de la mort si soudaine d'un fils, enlevé à la fleur de l'âge à l'affection des siens auxquels il faisait concevoir les plus légitimes espérances :

Evêché de Limoges.

« Limoges 24 Juillet 1880

« Monsieur et cher parent,

« Votre douloureuse lettre m'a profondément surpris et attristé. Je m'associe à vos larmes et à vos prières. Tout ce que vous me dites des sentiments chrétiens et pieux de votre cher enfant et des circonstances si édifiantes de sa mort précieuse devant Dieu me paraissent propres à faire entrevoir les desseins miséricordieux de notre Dieu. Il a cueilli cette plante parce qu'elle était mûre et pour la mettre à l'abri des séductions du temps.

---

(1) Monsieur Dronsart de Cantin était, par son mariage avec Mademoiselle de Lavillatte, cousin issu de germain de Monsieur de Bogenet. Cette lettre est adressée à Argenton (Indre) où habitèrent longtemps plusieurs membres de la famille de Lavillatte.

« Pleurez sans doute mais modérez votre douleur, car la mort des saints est précieuse devant Dieu, pleine de consolations et d'espérances.

« Un jour de la semaine prochaine j'offrirai le sacrifice de la messe pour ce cher enfant, et aussi pour obtenir à ses parents désolés, courage, force, consolation et résignation.

« Soyez mon interprète auprès de votre excellente épouse, de votre respectable mère et de tous les membres de la famille et recevez l'assurance pour vous et les vôtres de mes meilleurs sentiments.

L. DISSANDES DE BOGENET
V. G.

Quelque temps après il écrivait à Madame Dronsart de Cantin (Isabelle de Lavillatte) :

« Madame et chère parente, j'ai reçu vos deux souvenirs avec votre bonne lettre. Je m'associe de tout cœur à la continuité de vos prières pour votre cher enfant. Pour vous consoler dans votre grande douleur méditez la sentence de Ste-Thérèse que vous avez choisie et fait imprimer derrière la croix commémorative du pénible évène- ment : Dieu rappelle toujours les âmes quand elles sont disposées. — Sous l'impression de cette consolante pensée, réfugiez-vous dans le cœur si doux et si miséricordieux du bon Jésus.

« Appliquez-vous à calmer votre douleur par le souvenir de la bonne mort et de la vie chrétienne du cher enfant et par l'espoir de la réunion éternelle. — Le moyen le plus efficace pour soulager l'âme du bien aimé défunt, c'est d'unir à vos priè- res, messes, communions et autres œuvres, une acceptation sincère et généreuse du sacrifice qui vous a été imposé.

« Je vous prie d'agréer pour vous et votre mari et pour tous les vôtres l'assu- rance de mes sentiments les plus dévoués et les plus affectueux. »

L. D. DE BOGENET

LE BON PASTEUR

Avec la Communauté du Sauveur, celle des Sœurs de Marie-Thérèse du Bon Pasteur a été une des œuvres auxquelles M. de Bogenet s'est consacré avec le plus de dévouement.

En 1849, quand mourut M. le Chanoine Ferret, son fondateur, l'œuvre du Bon Pasteur ne faisait guère que commencer et ses débuts étaient marqués par de pénibles difficultés. Des religieuses en trop petit nombre, une douzaine environ, des locaux insuffisants, une situation financière voisine de la gêne ne constituaient pour l'avenir de l'œuvre que des éléments incertains et l'on se demandait, avec inquiétude, si la maison ne serait pas entraînée dans une ruine complète à la mort de son saint fondateur.

La Providence veille sur le pauvre et l'orphelin. Dieu inspira à M. le Chanoine Ferret l'heureuse pensée de choisir pour successeur le prêtre éminent qui l'assistait à ses derniers moments. Ce prêtre était M. de Bogenet, étranger jusque-là à l'œuvre du Bon Pasteur et bien éloigné dès lors de penser qu'il pouvait être l'élu de la Providence pour recueillir la succession spirituelle du vénérable Chanoine. Il ne manquait à ce vœu du mourant que la sanction épiscopale ; elle n'allait pas se faire attendre.

Comment ce choix fut accueilli dans le monde religieux, M. Pierre Laforest le raconte dans son beau livre sur Limoges ; il dit l'estime et la vénération universelles dont M. de Bogenet jouissait, l'appui bienfaisant qu'il allait apporter à l'œuvre, et les espérances enfin, qu'après tant d'alarmes il était donné de concevoir. En effet par un changement soudain, où l'on vit le doigt de Dieu, les difficultés s'aplanirent, les affaires inquiétantes s'arrangèrent comme d'elles mêmes, il n'y eut plus à l'horizon de ces menaces d'orage qui pronostiquaient la ruine ; le navire avait trouvé son pilote.

Le bon père s'émut-il d'avance de la charge qu'il allait assumer ? Certes, mais il avait trop de foi pour décliner les responsabilités qui lui étaient providentiellement imposées ; cependant en racontant plus tard, à la communauté, comment la chose lui fut proposée par Monseigneur Bùissas, il disait : « *Vous comprenez, mes chéres filles, qu'on ne va pas au devant de semblables fardeaux, c'est assez qu'on les accepte. Du reste, Monseigneur l'Evêque n'a rien voulu m'ordonner, il s'est borné à m'exprimer un désir. J'ai répondu que je voyais dans ce désir de mon Evêque une marque de la volonté divine et je me suis incliné.* »

Dans toutes les lettres de M. de Bogenet

on retrouve cette absolue obéissance à la hiérarchie qu'il exigeait de tous et dont il était le premier à donner l'exemple.

Il se mit donc à l'œuvre et pendant cinquante ans il a conduit la maison du Bon Pasteur, ses affaires, ses âmes surtout, avec un zèle, une sagesse, un esprit de foi que Dieu a bénis sensiblement ; les vocations se sont multipliées, l'apostolat auprès des jeunes filles pauvres que leur situation expose aux dangers du monde, n'effrayait plus autant ; le chemin était ouvert ; tout inconnu qu'il fût encore on ne craignait plus de s'y engager, maintenant que l'on savait devoir y rencontrer un tel guide.

C'est grâce à ces nouvelles recrues que l'œuvre put s'étendre et se développer, et qu'il soit permis d'ajouter : C'est grâce encore à l'intercession du Saint Supérieur auprès de Dieu, qu'elle espère voir dans l'avenir d'autres dévouements plus nombreux encore et toujours bien nécessaires.

Dès l'abord le nouveau supérieur ne voulut toucher à rien de ce que son prédécesseur avait établi pour l'ordre de la maison.

La communauté des sœurs de Marie Thérèse dirigeait ; les sœurs du Tiers-Ordre, chargées de la surveillance des travaux apportaient à la marche de l'œuvre un très utile concours, enfin venaient les congrégations d'enfants de Marie, établies plus tard dans l'intérêt particulier des associées, exerçant en même temps sur les enfants l'influence du bon exemple.

Telle était la hiérarchie établie dans ses grandes lignes par M. Ferret et que M. de Bogenet voulut conserver, comme une espèce de dépôt sacré dont il avait la garde. Il aurait, nous pouvons l'affirmer, plutôt abandonné l'œuvre que de la voir se modifier en substance entre ses mains.

Ce respect de l'œuvre de son prédécesseur il le portait sur un autre point de la plus grande importance, le recrutement du personnel des enfants.

On avait fondé vers l'an 1856, un atelier de petites orphelines, et ces enfants eurent part comme leurs amies à la sollicitude du bon Père, mais il ne voulait pas qu'elles fussent en trop grand nombre, afin de ne pas détourner l'attention des sœurs de son objet principal, le salut des jeunes filles à tirer des dangers du monde.

Pénétré de la grandeur du but à atteindre il regardait le champ spirituel confié à ses soins, comme un terrain de mission ; et très réellement, malgré ses autres occupations si graves, on peut dire qu'il y donnait comme une mission perpétuelle.

Prédications du Dimanche, triduum de préparation aux fêtes ; tous les deux ou trois ans, retraites aux sœurs et retraites aux enfants ; stations au confessionnal deux ou trois fois par semaine, rien n'était négligé des grands moyens de salut ; il remuait sans cesse le sol sacré des âmes, il jetait à pleines mains la bonne semence ; il ne se fatiguait jamais d'exhorter, de reprendre, d'encourager surtout les plus imparfaites.

Combien de fois, dans ses avis à la chapelle, il laissait de côté le langage des parfaits — qu'il aurait pu si bien faire entendre — pour exposer simplement et fortement les choses nécessaires au salut, il le faisait en faveur des moins instruites : « *Ecoutez moi bien, je veux être compris des plus petites, il y aurait de la honte pour elles à rester ignorantes.* »

D'autres fois il interpellait directement les moins bonnes : *S'il y en a qui sont mauvaises parmi vous, c'est à celles-là que je m'adresse, non pour les accabler mais pour relever leur courage.* »

On ne se fàchait pas de ses appellations piquantes, « mauvaises têtes, têtes de travers » échappées quelquefois au zèle du prédicateur. Comment aurait-on pu en vouloir à cet homme de Dieu, chez lequel tout s'unissait, le ton, l'accent, le geste, pour dire à son auditoire : « *J'ai droit de vous parler ainsi, car je veux votre salut et je ne veux que cela.* »

A part les sermons des fêtes, où il expliquait le mystère d'après l'Evangile, la plupart des instructions roulaient sur les motifs du retour à Dieu.

Les plus étourdies faisaient bien quelquefois cette réflexion: « Le Père dit toujours la même chose, nous ne l'écouterons plus. » Elles l'écoutaient au contraire, et souvent fort bien. C'est que parmi tous les dons, il avait éminemment celui de captiver l'attention des enfants ; pas de longues phrases, pas de mots savants ; un catéchisme en termes assez brefs, qui amenait des applications pratiques à son auditoire, mais des applications si vraies si fortes, si bien prises sur le vif, qu'il n'était pas possible de ne pas s'y reconnaître ; le prédicateur lisait dans les âmes. A la fin venait l'histoire qui jetait la joie ou la terreur, l'histoire qu'on avait beau avoir entendue déjà — le bon père mettait à la raconter tant de naturel, tant d'émotion, un si vif entrain que son récit suspendait toujours l'attention et souvent achevait de gagner les cœurs à Dieu.

Oui, dans ses sermons il ébranlait les âmes. *Mais c'est au tribunal de la pénitence que la conversion s'achève.* Pour entretenir dans la maison une sorte de courant surnaturel qui devait porter les âmes vers les sacrements, sa méthode était de revenir souvent sur ce sujet : il en parlait au début de toutes ses instructions. S'il encourageait à la fréquente communion, c'était vivement et cependant avec une douce réserve, comme s'il eût craint de faire quelque violence aux âmes, là où il ne voulait qu'éveiller des désirs et favoriser l'élan spontané vers Notre Seigneur. « En fait de communion, se plaisait-il à répéter, j'aime le nombre, mais j'aime mieux encore la qualité. »

M. de Bogenet avait son confessionnal au Bon Pasteur. Eût-il été apôtre dans toute

l'acception du mot, s'il n'avait porté jusque là, la sollicitude en faveur des âmes ?
Pour les unes rien ne pouvait remplacer
les lumières qu'elles trouvaient dans une
expérience de si longues années, appuyée
d'une vie toute sainte. Celles-là le suivaient comme un guide très sage et très
sûr. D'autres avaient besoin de lui pour
achever en elles l'œuvre du salut qu'une
de ses prédications ou un de ses avis avait
déjà commencée.

Il était surtout à la disposition des plus
malades, ne regardant ni sa peine ni son
temps ; du moment qu'il s'agissait de retirer une âme du péché, on pouvait toujours
compter sur lui.

Que d'heures il a passées dans ce sublime
et touchant ministère ? Le soir du vendredi et du samedi, on le voyait venir,
après des journées de travail, commencées
à quatre heures du matin ; il priait d'abord,
s'installait, écoutait tout ce qu'on voulait
lui dire, sans se presser, parfois il oubliait
que sa réfection du soir n'était pas prise

encore ; qu'importe cela, avant tout ne fallait-il pas soigner les âmes ?

Dieu seul sait le nombre de celles qu'il a mises sur la voix du salut ! Lui-même en laissait deviner quelque chose, lorsque pour attacher davantage les sœurs à leur œuvre, il leur disait cette affirmation encourageante : « *Ma conviction est que le Bon Pasteur a sauvé beaucoup d'âmes.* »

Dieu le sait ! mais si la gerbe cueillie dans ce champ a pu être abondante, nous n'ignorons pas le nom du moissonneur.

Un exemple. On reçut un jour une enfant venue de loin, qui apportait le germe de la « petite vérole noire ». Il fallait l'isoler et l'on commençait à se préoccuper de la question du retour à Dieu. Quelle solution la grâce allait-elle apporter ? La mort avançait, on redoublait de prières, et la malade ne se rendait pas, au contraire elle semblait se raidir davantage.

Le dernier jour M. de Bogenet la quittait en lui disant : « *Mon enfant, si vous avez besoin de moi, de jour comme de nuit, je suis à votre disposition, ne vous gênez pas, vous n'avez qu'à me faire demander, je veux sauver votre âme.* »

Et voilà que vers le milieu de la nuit, la malade s'éveille en disant : « Le Père, faites venir le Père ». Il accourait en toute hâte, il ressaisissait cette âme sur le bord de l'abîme, il la ramenait à Dieu, lui donnait les sacrements, et elle n'avait plus que le temps de dire : « *Voilà un saint prêtre qui m'a sauvée !* »

Et maintenant, après ce rapide aperçu sur les fonctions apostoliques de **M.** de Bogenet au Bon Pasteur, s'il nous était permis de résumer d'un mot son rôle très spécial dans la Maison, nous dirions qu'il a été un éducateur parfait, nous fournissant un modèle incomparable.

Il avait toutes les qualités du véritable éducateur : une autorité paternelle et forte, la fermeté unie à la condescendance, l'amour de la justice, la promptitude du coup d'œil pour remarquer les abus et y porter remède, un tact singulier pour deviner les ressources qu'on pouvait mettre en jeu dans chaque âme d'enfant......

C'était surtout à la lecture des notes faites dans les ateliers, et toujours en sa présence, qu'il nous a été donné d'apprécier ses qualités de Père de la jeunesse ; il formait les âmes à l'amour de tout ce qui est bien, à la pratique des vertus convenables à l'état de chacune d'elles : on sortait de ces réunions le cœur encouragé, avec une idée plus précise de son devoir.

CONFÉRENCE

DE

SAINT-VINCENT-DE-PAUL

C'est à M. de Bogenet qu'on doit l'établissement à Limoges des conférences de Saint-Vincent-de-Paul. M. le Docteur Bleynie a bien voulu communiquer à la Semaine Religieuse des documents intéressants sur cette fondation.

Le 21 novembre 1841, M. de Bogenet réunit chez lui quelques jeunes gens et leur fit part du désir qu'il avait de fonder à Limoges une petite Société à l'imitation de celles qui depuis plusieurs années existaient à Paris, sous le nom de Conférence de Charité de Saint Vincent de Paul et dont le double but était d'établir un lieu de fraternité plus intime entre les jeunes gens animés de sentiments religieux, et de soulager les pauvres.

Cette communication fut accueillie avec joie. Les membres à qui M. de Bogenet avait fait part de ses espérances sur cette nouvelle œuvre furent invités à prévenir ceux de leurs amis qui voudraient s'unir à eux, que la première réunion aurait lieu à l'Evêché le 25 du même mois.

Au jour indiqué se trouvaient réunis : MM. Benoît du Buis, avocat, Gustave de Salles, avocat, Alfred Dupradeix, avocat, Charles de Gouttepagnon, avocat, Jules Foussette, Henri Guibert, économe de l'hospice, Henri Lamy de la Chapelle, Jagot Lacoussière, étudiant en médecine, Jules Lacroix, propriétaire, Théophile Lamy de la Chapelle, avocat, Charles Soulignac, banquier, Henri Pinot de Moira, avocat.

A ces premiers membres fondateurs vinrent se joindre dès les premiers mois : MM. Cantillon de Lacouture, d'Aigueperse,

Docteur Bleynie, Mazérieux, Lamarche, Francez, Charles Rouard de Card, Chabrol, Jules Lamy de La Chapelle, Marcoux, Larue, Henri Mousnier-Buisson, Félix et Henri Lachaud.

Avant la fin de janvier on comptait déjà comme membres honoraires : MM. Edouard Lamy de Luret, Frédéric Lagorce, Lamy de la Chapelle, Conseiller à la Cour ; Gabriel Lamy de la Chapelle.

Le premier bureau, élu le 25 novembre, se composait de MM. Gustave de Salles, président, Henri Guibert, vice-président, Théophile Lamy de la Chapelle et Charles de Gouttepagnon, secrétaires, Charles Soulignac trésorier.

Parmi les membres de la Conférence, se trouvait un jeune officier qui voyait souvent M. de Bogenet et l'appréciait beaucoup, c'était le Lieutenant de Sonis. Il fut chargé une fois de faire le rapport de fin d'année à la séance générale. M. de Bogenet fut très édifié de ce travail. (1)

M. de Bogenet était l'âme de cette petite société.

Il assistait à toutes les séances s'efforçant d'exciter par ses paroles généreuses le zèle des jeunes gens. Il leur disait la grandeur de leur mission générale. Il leur apprenait

---

(1) M. de Bogenet écrivait le 5 décembre 1870 « Les nouvelles d'hier, d'aujourd'hui sont tristes ! Nous ne connaissons pas encore la situation réelle. L'excellent et brave général de Scnis blessé et prisonnier.................... C'était l'un de ceux sur lesquels je comptais le plus pour procurer le succès de nos armes ! Dieu seul est grand et puissant ! Quoique j'eusse toujours cru que nous n'étions pas à la fin de nos désastres je m'étais un peu laissé aller à l'illusion ces derniers jours....................... Les sœurs de St. Alexis ont accepté à Limoges toutes les ambulances. Elles craignent de ne pouvoir faire face à tous les besoins..................... Voyez ce que vous pourriez faire. En présence de ce nombre considérable de blessés toutes les considérations disparaissent, il faut faire l'impossible........... .... »

A cette époque M. de Bogenet s'occupa avec le plus grand dévouement des soins à donner aux soldats.

l'amour des pauvres ; « Ne croyez pas avoir tout fait, leur disait-il, quand vous leur avez donné un peu de pain. Occupez-vous d'eux, cherchez à leur procurer du travail, c'est la meilleure charité pour ceux qui sont valides. »

Puis il revenait souvent aux grandes idées chrétiennes, instruisant et émouvant les auditeurs.

Souvent aussi il conduisait à la Conférence quelque prêtre en renom.

Un jour, en janvier 1842, c'était M. l'abbé Berteaud qui arrivait de Paris où il avait assisté à la réunion générale des conférences, au milieu des huit cents jeunes gens groupés autour d'Ozanam.

Il racontait avec quel sentiment de joie et d'orgueil, il avait entendu proclamer le nom de la conférence de Limoges parmi les nouvelles fondations de la Société de Saint Vincent-de-Paul.

A la suite de cette visite, M. Berteaud fut proclamé membre honoraire et, au printemps suivant, pendant la tournée pastorale, où M. de Bogenet accompagnait l'Evêque de Limoges, c'était l'éloquent chanoine qui venait chaque vendredi adresser aux confrères quelques paroles d'édification.

Le 24 juin M. de Bogenet annonçait aux membres de la conférence l'élévation de M. Berteaud à l'épiscopat et la réunion se terminait par de ferventes prières en faveur de l'élu.

Une autre fois, c'était le 19 août, un ecclésiastique, professeur de rhétorique au collège de Felletin, M. Delor assiste à la séance, il parle de la pratique réelle de la charité chrétienne, il montre ses résultats, sa récompense, les bénédictions du pauvre et celles de Dieu.

Pendant le carême, c'était le prédicateur de la station à qui M. de Bogenet demandait quelques paroles d'édification pour ses jeunes gens.

Tous vénéraient leur Directeur. « Nous l'appelions « le Père » nous écrit M. Théophile Lamy de la Chapelle qui, membre des conférences de Paris, avait été à celle de Limoges dès sa fondation, nous savions apprécier son zèle et son dévouement. Plusieurs fois il nous prêcha la retraite annuelle *et sans jamais vouloir aucune rétribution.* Il se fâchait quand on insistait, même un peu rudement : *Donnez à ceux qui ont besoin,* disait-il.

« Le sacristain de la cathédrale nous ayant dit qu'il n'avait pas de calice et se trouvait quelquefois embarrassé pour sa messe, nous décidâmes d'en acheter un pour son usage personnel. Le bon père fut bien obligé de l'accepter. »

La conférence prospérait et se fortifiait de plus en plus. Des dons en nature arrivaient : charretées de bois, couvertures, vêtements, pièces de « droguet ». M. le docteur Bleynie visitait gratuitement les malades de la conférence.

Puis le nombre des membres augmente ; la conférence de Limoges est connue de Toulouse, de Nantes, de Dijon, on lui demande des conseils. Elle peut même essaimer, et fonde en février 1842 une conférence à Aix.

Nous ne pouvons poursuivre plus loin dans cet ouvrage l'histoire des conférences de Saint Vincent-de-Paul. Elle tiendrait des volumes.

Il nous a suffi de montrer que c'est au vénérable Monsieur de Bogenet qu'elles durent leur fondation.

Plus tard ses occupations devenant chaque jour plus pressantes, M. de Bogenet ne put continuer d'assister aux séances hebdomadaires.

D'ailleurs, cet homme de Dieu se dévouait à une œuvre avec une si complète pureté d'intention qu'il n'hésitait pas à se retirer, très simplement, quand il croyait qu'on pouvait se passer de lui.

Le même correspondant qui voulut bien nous communiquer l'anecdote des portraits citée plus haut, nous écrit : « Avant la révolution de 1848 j'étais employé au secrétariat général de la Haute-Vienne (sous l'administration de M. Morizot alors préfet).

« Un certain jour pendant notre travail un personnage peu important, mais grincheux, déblatérait contre M. de Bogenet, Vicaire Général, et se récriait beaucoup de ce qu'il se permettait de réunir des jeunes gens pour les « fanatiser » ; il trouvait surtout scandaleux que ces réunions se fassent dans le palais épiscopal, qui appartient à l'Etat. Il oubliait de reconnaître que c'est un ancien Evêque, Monseigneur du Plessis d'Argentré qui a fait construire le palais au XVIIIe siècle (1) et que s'il

---

(1) Monseigneur d'Argentré né en 1723, était Vicaire Général à Poitiers, lorsqu'il fut nommé le 3 septembre 1758 à l'Evêché de Limoges, sacré le 14 janvier 1759, il vint prendre possession de son siège le 19 mars de la même année.

On lui doit le palais épiscopal de Limoges, un des plus beaux de France, et les magnifiques terrasses qui dominent la Vienne.

En 1771, il posa la première pierre de l'Eglise du Couvent de la Visitation. Il mourut à Munster le 28 mars 1808 et fut rapporté à Limoges en 1876 par les soins de Monseigneur Duquesnay. En 1808, l'Evêque de Limoges était Monseigneur Philippe du Bourg.

appartient aujourd'hui à l'Etat, l'Evêque de Limoges n'en était pas moins le légitime usufruitier, et qu'il avait bien le droit d'y recevoir la conférence de Saint Vincent-de-Paul, œuvre chrétienne reconnue par l'Eglise sinon par le Gouvernement.

« Ma jeunesse et ma situation dépendante ne me donnait pas le pouvoir de discuter librement et utilement, les sottises de ce bavard d'occasion, mais après son départ, je dis à mon chef, avec qui je travaillais seul dans son cabinet, que je ne partageais pas les idées émises devant nous, que je faisais moi-même partie de ces réunions, où M. de Bogenet donnait des enseignements chrétiens et d'utiles conseils pratiques pour l'exercice de la charité.

« Mon chef me dit tout de suite : Mais si le préfet le savait ! — Il craignait que cela

---

On lit dans la « Vie de Madame du Bourg (Mère Marie de Jésus) » que Monseigneur de Fontanges, archevêque de Toulouse, en partant pour l'exil, avait nommé le Chanoine du Bourg administrateur. Les Evêques voisins en firent autant.

ne me nuise parce que j'étais alors spécialement chargé de toutes les écritures du cabinet du préfet, (politique, affaires confi-
dentielles, police générale, personnel, etc.).

« Je répondis que si cela déplaisait
au préfet, je m'en retirerais sans bruit,
mais non sans regret, tout en restant
chrétien quand même.

« Plus tard il m'arriva le contraire du
danger redouté par mon chef. Le préfet me
dit un jour : Il y a des pauvres qui m'écrivent ou viennent eux-mêmes me demander
des secours. Je leur donne sans savoir ce
que je fais ; je vais vous charger de les leur
porter vous-même de ma part, vous exa-
minerez en même temps leur véritable
situation et vous m'en rendrez compte, cela
me permettra de mieux appliquer mes
aumônes.

« C'était tout à fait, comme on le voit,
l'œuvre du confrère de la société de Saint
Vincent-de-Paul qu'il me faisait accomplir
en son nom, — savait-il, oui ou non, que
j'en faisais partie ? Je l'ignore, mais cela a

duré jusqu'à la révolution de février qui a fait disparaître ce préfet.

« Je dois ajouter que ce préfet était loin d'être clérical, comme on dit aujourd'hui, mais c'était un homme de valeur et fort capable.

« Nous aimions tellement ce bon M. de Bogenet, ajoute notre correspondant, qu'après chacune des réunions hebdomadaires, les membres pressés de rentrer chez eux ou ailleurs, partaient directement, mais il y en avait toujours un bon nombre qui l'ac compagnaient jusque chez lui et le suivaient même jusque dans ses appartements où il les admettait avec une grande affabilité, c'était toujours des causeries agréables et utiles, on le quittait enfin et malgré soi, en emportant dans son esprit et dans son cœur de bonnes pensées et de touchants souvenirs.

MORT DE M. DE BOGENET

L'année 1896 s'acheva pour M. de Bogenet par la belle fête de ses noces de diamant.

Pendant le carême il suivit avec intérêt les travaux de nos missionnaires ; il fut heureux du succès de la grande mission et des belles manifestations catholiques auxquelles donnèrent lieu les Ostensions.

Dieu réservait à ses derniers jours de grandes consolations, il eut la joie de revoir ses œuvres les plus chères.

Sa fête, la Saint Jean-Baptiste, (Jean-Baptiste Léopold) fut célébrée comme à l'ordinaire. Il semblait bien portant, mais se plaignait de sentir diminuer ses forces.

Par un concours de circonstances providentielles, il fut prié de présider la distribution des prix du pensionnat du Sauveur de Terrasson, ce qu'il n'avait jamais fait. Il donna aux enfants une retraite de deux jours. Il revit encore une dernière fois cette première maison de la Congrégation qu'il aimait tant et à laquelle il a fait un bien immense.

Chaque année il présidait la distribution des prix de la Souterraine, il put venir encore. Il parla aux élèves, se montra plus paternel que jamais.

Habituellement il allait passer quinze jours dans sa famille au mois de novembre ; il voulut la revoir plus tôt et en quittant la Souterraine, il se rendit au château de Bogenet (1), venant demander à

---

(1) On voit encore au Château de Bogenet les portraits des grands parents du Vicaire Général : son grand-père, Philippe de Bogenet (frère de François de Lavillatte et de Jean de Monlevade) officier de la Maîtrise des eaux et forêts, dans son costume de Maître Particulier, et Anne de Cosnet, sa grand' mère.

l'air natal de lui rendre ses forces qui s'épuisaient.

Il les recouvra un peu et se fit une joie intime mais profonde de retrouver, les siens d'abord, puis de réunir avec eux sa famille religieuse de la Souterraine et sa bien aimée commune de Pionnat.

M. de Bogenet revit le séminaire d'Ajain, le presbytère où enfant il avait vécu, il alla même faire plusieurs visites à des amis et parents... Comme s'il sentait sa fin prochaine il aurait voulu aller partout !

Chaque matin il venait dire sa messe dans la chapelle de la Communauté.

La nouvelle Supérieure Générale de la Congrégation, voulut que sa première visite fût pour cette communauté de Pionnat fondation du Père à qui l'œuvre doit tant de reconnaissance et par une délicate inspiration qui répondait au secret désir de M. de Bogenet, accompagnée de la vénérable assistante, mère Stanislas, elle se rendit à Pionnat pendant le séjour du Bon Père.

Témoin de l'union parfaite qui existait

entre ses deux familles : sa famille selon la nature et sa famille selon la grâce : union formée d'un côté par les bienfaits, de l'autre par la reconnaissance, il était heureux.

« Je suis content, répétait-il, je n'aime rien tant que la paix et l'union. »

Le premier vendredi du mois fut célébré avec beaucoup de solennité dans la petite chapelle. Il donna la communion à vingt-deux jeunes filles de la paroisse, élèves des sœurs, quelques unes venues de très loin pour ne pas manquer leur pieuse pratique. Il parla à ces enfants avec une ardeur et une onction inexprimables: « Mes enfants, leur répétait-il, en joignant les mains, aimez bien Notre-Seigneur. »

Avant de partir, le mardi 10 Août, il réunit la petite communauté de Pionnat (1) à la chapelle et là, appuyé sur la balustrade

---

(1) Les œuvres fondées à Pionnat par Monsieur le Vicaire Général de Bogenet ont toujours été, et sont surtout maintenant, où pour elles les moments sont difficiles, l'objet du dévouement et de la sollicitude de Monsieur R. Desjobert de Prahas.

du chœur, pendant une heure il parla à ses filles tant aimées, revenant sans cesse à ces paroles : « Je suis content... le bien se fait dans cette maison... Nous avons été heureux de nous retrouver pendant ces quelques jours... il faut nous quitter maintenant, mais le cœur de Notre Seigneur est là. » — Il semblait ne pouvoir s'arracher à cet entretien.

« C'était, comme disait, Monseigneur Renouard, aux fêtes des noces de diamant du vénérable Monsieur de Bogenet, c'était Saint Jean exhortant jusqu'à son dernier souffle les chrétiens de la primitive Eglise. »

Tant que dura le voyage, il se fatigua à réciter son bréviaire. Ses pauvres yeux lui refusant leur service, il paraît que rentré chez lui il veilla jusqu'à onze heures pour l'achever.

Il avait passé la journée du 14 au confessionnal.

Le Mardi on l'avait vu se traîner à l'Eglise comme pour prendre congé ici-bas du Dieu de l'Eucharistie qu'il allait retrouver là haut, et le Mercredi son âme paraissait devant Dieu.

La mort fut douce pour ce Juste qui avait été si bon et si doux sur la terre et ce fut avec calme que Monsieur de Bogenet passa de ce monde au Ciel.

La Providence voulut que sa petite-nièce arrivât chez lui le matin même au début d'un pélerinage à Lourdes. L'entourage n'avait pas cru la situation assez grave pour prévenir toute la famille.

Son dernier cri de foi fut pour demander son Evêque. Monseigneur accourut en toute hâte et eut la consolation de lui entendre dire : « Je vous garde toute mon admiration. »

Il mourut comme un saint. Monseigneur Gilbert, prévenu au dernier moment, se trouva là, lui aussi, pour lui donner une dernière bénédiction.

Que toutes les âmes auprès desquelles il a accompli l'œuvre de Dieu, soient fidèles à prier pour lui afin qu'il puisse, admis au séjour des bienheureux, intercéder pour le diocèse de Limoges qu'il a tant aimé.

Le 19 Août 1897, Monseigneur l'Evêque de Limoges faisait part, par cette lettre, de la mort de Monsieur de Bogenet :

« Messieurs et Chers Coopérateurs,

« Nous avons la douleur de vous faire part de la mort de vénérable et discrète personne *Messire Jean-Baptiste-Léopold Dissandes de Bogenet*, Vicaire Général du diocèse, Doyen du Chapitre de notre insigne Eglise Cathédrale.

« Au milieu des exercices de la Retraite Pastorale, le temps ne nous permet pas de vous retracer la vie de ce saint Prêtre, qui durant soixante ans, a rendu tant de services à l'Eglise de Limoges. Ses œuvres, d'ailleurs, et ses vertus sont connues et appréciées de tous comme elles le méritent. Nous nous bornons donc, aujourd'hui, à recommander son âme à vos ferventes prières et à vous inviter à ses obsèques qui seront célébrées le Samedi 21 Août, à neuf heures précises, dans la Cathédrale.

« Veuillez agréer, Messieurs et Chers Coopérateurs, l'hommage de nos sentiments les plus affectueux et les plus devoués en Notre Seigneur.

« † Firmin
« Evêque de Limoges. »

TESTAMENT DE M. DE BOGENET

« A la plus grande gloire de la Sainte-
Trinité, et de Notre Seigneur Jésus Christ,
vrai Dieu et vrai homme ; à l'honneur de
la Très Sainte et Immaculée Vierge Marie,
Mère de Dieu, secours des chrétiens, refuge
des pécheurs, ma bonne et tendre mère à
laquelle je dois tout ; à l'honneur de tous
les Anges et Saints ; en vue de la mort
que j'accepte avec pleine soumission à la
volonté divine, et que j'offre en union à
celle de mon Sauveur, à la Majesté divine
pour satisfaire pour mes péchés, et pour
ceux des autres dont j'ai pu être cause, et
pour obtenir plus promptement l'éternelle
félicité, que je désire ardemment et que
j'attends de l'infinie bonté, non à cause de
mes œuvres, mais en considération des

mérites de Notre Seigneur Jésus-Christ, et de l'intercession de la douce Vierge Marie, notre espérance, de mon Ange Gardien, de mes Saints Patrons, de tous les Anges et de tous les Saints et en particulier de Saint-Joseph, de Saint Jean-Baptiste, l'un de mes patrons et de Saint-Martial, notre apôtre et père, et de ceux que j'ai spécialement invoqués pendant ma vie et des âmes bienheureuses au salut desquelles j'ai travaillé ; en vue, dis je, de la mort, j'ai consigné dans cet écrit, qui est mon testament, que j'ai écrit, daté et signé de ma main, l'expression de la foi de toute ma vie.

« Comme on ne peut avoir Dieu pour père, sans avoir l'Eglise pour mère, je désire mourir dans le sein de l'Eglise catholique, apostolique, romaine qui est la seule vraie Eglise bâtie par Notre Seigneur Jésus-Christ, et hors de laquelle il n'y a point de salut. Je déclare croire fermement tout ce qu'elle enseigne et rejeter tout ce qu'elle condamne.

« J'ai toujours regardé le Pape comme le Vicaire de Jésus-Christ, comme le Chef de l'Eglise, comme le Successeur de Saint-Pierre, comme le Docteur infaillible des chrétiens, des prêtres et des Evêques, je désire mourir dans sa communion ; je n'ai d'autre foi que la sienne, j'adhère à tous ses enseignements, je réprouve tout ce qu'il condamne, je soumets à son jugement tout ce que j'ai enseigné, prêché, écrit et livré à l'impression.

« Plein de vénération et de tendre affection pour mon Evêque, qui est mon supérieur et mon père, et qui m'a admis à participer à son autorité et au gouvernement du diocèse, je désire lui demeurer uni comme le prescrivent les saints canons. Si contre mon intention, il m'était arrivé de le contrister en quoi que ce soit, je le prie de me pardonner et de me bénir.

« J'ai toujours aimé les prêtres, et il me semble que j'ai toujours agi envers eux avec des intentions droites. Si, sans le savoir et le vouloir, j'ai pu fournir à quelques uns d'entre eux un motif légitime de plainte, je les prie de me pardonner ; je meurs avec le désir qui a toujours été dans mon cœur, de voir le clergé du diocèse à la hauteur de sa sublime vocation. Si j'ai quelque crédit auprès de Dieu, je prierai pour tous mes frères dans le sacerdoce et j'ose espérer qu'ils n'oublieront pas mon âme au saint autel.

« Pendant ma longue vie sacerdotale, j'ai eu de nombreux rapports avec un grand nombre de personnes ; si je n'avais pas fait tout le bien que j'aurais dû leur faire, ou si j'avais eu le malheur de malédifier quelqu'un, je demande pardon à Dieu et à mes frères de ce dont je puis être coupable. Je me recommande aux prières de tous et spécialement aux prières des paroisses que j'ai évangélisées.

« J'ai été appliqué spécialement, depuis que je suis dans le diocèse, à la conduite des communautés religieuses. Depuis 1842, je suis Supérieur de la Congrégation du Sauveur et de la Sainte Vierge et j'ai été dès lors associé au développement de cette œuvre qui était encore dans l'enfance. J'ai été nommé Supérieur du Bon Pasteur en 1850 et, à des époques diverses, j'ai été successivement investi de la Supériorité des religieuses de Sainte-Claire, des Filles de Notre-Dame, des Religieuses de Saint-Alexis, de la Visitation et de la Providence. Je recommande à toutes les sœurs de ces diverses congrégations ou communautés de s'appliquer à tendre à la sainteté et à marcher d'une manière digne de leur vocation ; je compte sur leurs prières et communions pour la prompte délivrance de mon âme après ma mort.

« Fait à la Souterraine, à la suite de ma retraite, le 2 février, fête de la Purification, 1869. »

L. Dissandes de Bogenet
Vicaire Général.

GAZETTE DU CENTRE

20 Août 1897.

« Une belle existence vient de s'éteindre. Digne, calme, irréprochable, elle s'est déroulée sous les yeux de tous, elle a été tout entière consacrée au service de Dieu, aux œuvres de dévotion et de charité, au salut des âmes, au bien public. Peu de prêtres, même parmi les meilleurs et les plus saints, auront eu une carrière aussi laborieuse et aussi féconde ; bien peu laisseront une trace aussi profonde et un aussi vivant souvenir. C'est vraiment « un grand prêtre, » *Sacerdos Magnus*, que le Seigneur vient de rappeler à lui, et c'était un portrait frappant, non une image idéale, que traçait l'an dernier avec une véritable éloquence, Monseigneur l'Evêque de Limoges, fêtant les noces de diamant du vénérable doyen de notre clergé.

« M. l'abbé Dissandes de Bogenet a été, le mot n'a rien d'excessif, une grande figure. Nous n'en connaissons pas une seule, dans le clergé de toute la région, qui ait eu ce relief.

« Vicaire Général de sept Evêques il est resté pendant un demi-siècle, plus que le conseiller, l'inspirateur et le guide de l'administration diocésaine, tout en refusant pour lui-même la mitre qui lui fut plusieurs fois offerte.

« Très pénétré de l'étendue des droits et des obligations du sacerdoce, dévoué à l'Eglise d'un dévouement sans réserves et sans bornes, convaincu de la nécessité d'une hiérarchie bien définie et d'une discipline rigoureuse, il exigeait de tous le respect absolu de l'autorité qu'il était le premier à manifester en toute occasion. Au demeurant simple, bon, affectueux, d'une incroyable sollicitude pour le bien des âmes, d'une inépuisable charité. Au moral comme au physique, la force était le trait saillant de cette physionomie.

« La parole de M. de Bogenet valait surtout par l'énergie de l'accent, la vigueur de l'argumentation et l'impitoyable vérité des images d'ornements ; point de phrases, cette éloquence n'a jamais cherché à plaire; elle manquait d'apprêt et de séduction. Les sermons de l'apôtre avaient même parfois un certain caractère de rudesse, ce qu'il voulait c'était frapper l'esprit, aller droit à l'âme et l'ouvrir à Jésus-Christ ; il n'entrait pas en pourparler avec les passions ou les mauvais penchants ; il ne négociait pas avec les habitudes coupables. Il engageait le combat et revenait à l'assaut, sans se décourager, sans jamais douter de la victoire.

« Nous venons de prononcer le nom d'apôtre. M. de Bogenet est resté un apôtre jusqu'à la fin. Ramener à Dieu, à la pratique chrétienne, les personnes qui s'en étaient éloignées, fut un de ses soucis constants. Dieu seul sait combien il en a poursuivi de ces enfants prodigues, combien il en a ramené à la maison paternelle ! Il y a peu de temps encore il fit auprès de plusieurs hommes âgés de notre ville, demeurés hors de la pratique des sacrements, les instances les plus touchantes pour les faire revenir à Dieu et tous ses efforts ne furent pas perdus.

« Après les conversions, les directions, M. de Bogenet confessait beaucoup et était du plus sûr et du meilleur conseil, il avait dirigé la vénérable Mère du Bourg ; on sait quelle part de sa vie l'infatigable prêtre a donnée à la Congrégation du Sauveur de la Souterraine, à l'établissement du Bon Pasteur, à l'Archiconfrérie.

« C'est dans la Creuse, son pays natal, au Château de Bogenet où il était allé prendre quelques jours de repos au milieu de sa famille, que la maladie a enfin terrassé le vigoureux serviteur de Dieu ; selon toute probabilité une légère attaque d'apoplexie l'avait frappé au commencement du mois. Il était revenu il y a quelques jours à Li-

moges, très affaissé, somnolent, l'esprit
moins net et la langue moins libre ; néanmoins, samedi encore, il était allé à l'Eglise
et avait confessé une partie de la journée.
Le lendemain, 15 Août, il lui fut impossible
de quitter sa chambre. Un peu de mieux se
manifesta, et, bien que le médecin eût du
premier coup d'œil jugé le malade perdu,
on se reprit à espérer. Mais hier, vers midi,
M. de Bogenet se sentit plus mal et demanda à voir l'Evêque.

« Monseigneur accourut auprès du pieux
malade, son vénérable collaborateur et lui
prodigua les témoignages les plus touchants de bienveillance et d'affection.
Quand il se retira, M. le Supérieur du Séminaire le remplaça auprès de M. de Bogenet dont il était le confesseur, il put se
faire entendre de lui et lui donna une dernière bénédiction. A partir de ce moment
l'agonie commença, le malade ne reprit
pas connaissance et expira doucement à
8 heures du soir.

« M. de Bogenet avait, avant d'entrer

dans les ordres, appartenu quelque temps au barreau. A peine sorti du Séminaire, il fut attaché à l'administration diocésaine. Il était Vicaire Général depuis près de soixante ans, doyen du Chapitre et Directeur de plusieurs œuvres importantes.

« Ce prêtre, que Dieu prend dans sa quatre-vingt-douzième année, a connu à peine les déchéances de la vieillesse. Jusqu'à la fin on l'a vu accomplir, avec la plus scrupuleuse exactitude, toutes les obligations de son état. Sa vie tout entière est une leçon et restera un exemple pour le clergé du diocèse qui le regrettera comme un de ses membres les plus vertueux, un de ses guides les plus vénérés et un de ses plus sûrs modèles.

« L. G. »

OBSÈQUES DE M. DE BOGENET

« Une foule énorme se pressait hier aux funérailles de M. de Bogenet. On peut dire sans exagération que le diocèse tout entier était représenté dans cet imposant cortège. Une centaine de prêtres accourus de tous les points de la Creuse et de la Haute-Vienne faisaient une escorte d'honneur à la dépouille de leur vénérable confrère qu'ont bénie deux Evêques chers à divers titres à notre population. Toutes les communautés, les principales associations pieuses, le personnel des œuvres catholiques avaient envoyé leur contingent. Dans la foule qui marchait derrière le cercueil nous avons distingué les hommes les plus considérables et les plus estimés de notre ville, l'élite du barreau, des professions libérales, du monde des affaires, le Président de la Chambre de Commerce, des Membres du Conseil Général, des Magistrats, des Officiers, des Ouvriers, beaucoup de pauvres qui étaient venus, généreux à leur tour, faire l'aumône de leurs prières à celui dont l'oreille ne s'était jamais fermée à leur appel.

« Cette extraordinaire affluence et la variété même des conditions et des professions qui étaient représentées aux obsèques du vénérable doyen de l'Eglise de Limoges, attestaient l'universalité des sympathies et des regrets excités par sa mort ; mais elles étaient aussi la preuve du grand rôle social qu'a rempli le regretté défunt dans la vie de ses contemporains.

« Grande en effet a été la place tenue par M. de Bogenet parmi nous pendant plus d'un demi-siècle ; car il n'a pas été seulement le prêtre à l'autel qui prie et qui bénit, il a été l'apôtre dont la parole console, éclaire, relève et fortifie, le directeur dont les conseils guident et préservent, l'admi-

nistrateur qui prévoit, qui organise et qui
maintient. Il a été surtout le chrétien charitable, l'homme secourable aux pauvres
et c'est surtout à eux et pour eux qu'il a
ouvert le plus largement son cœur.

« Ils sont rares les hommes qui, sans se
mêler à la foule et sans rien lui accorder
pour obtenir ses suffrages, ont su exercer
autour d'eux une influence comme celle
dont jouissait le vénérable défunt, rattacher
à leurs âmes par tant de liens délicats et forts
à la fois les âmes de ceux qui les entourent.
Combien ils peuvent rendre de services,
combien de semences ils répandent, qui,
pour être longtemps à lever, n'en donneront
pas moins un jour leur moisson, la moisson
que l'homme fournit aux greniers du Père
céleste.

« Notre population a dignement payé,
hier, son tribut de respectueux regrets au
prêtre qui l'a, depuis soixante ans, évan-
gélisée, encouragée, secourue, soutenue,
servie, édifiée, et qui restera pour tous le
type accompli de l'homme revêtu du carac-

tère sacerdotal. Vaillant dans la vie, M. de Bogenet a été vaillant dans la mort. Le mal qu'il a vaincu si longtemps n'a réussi à le terrasser qu'à la dernière heure. Le Souverain Maître lui a conservé jusqu'au bout sa robuste santé et sa claire intelligence comme pour le récompenser dès ce monde d'avoir mis aussi complètement l'une et l'autre à son service. Ça été pour le vénéré prêtre comme un à-compte du salaire que le Christ a promis à ceux qui travailleraient pour lui. M. de Bogenet a été dans toute la force du terme, le bon serviteur de Dieu. Souhaitons de le servir comme lui afin de mériter la même récompense. »

Le deuil était conduit par M. Michel Duclos, son neveu (1), M. le Supérieur du

---

(1) Fils de la sœur du Vicaire Général (Zéphirine de Bogenet), mariée à François Duclos, dont : Michel qui épousa Mademoiselle de Gentil de Rosier et eut deux filles ; Madame Desjobert de Prahas et Madame de Boisse, cette dernière décédée.

Le Vicaire Général de Bogenet n'avait que cette sœur. Le nom de Bogenet, comme il est dit dans le

Grand Séminaire, représentant Monseigneur l'Evêque, MM. René Desjobert de Prahas et Mathieu de Boisse (1), ses petits-neveux (2).

« *Château et fief de Bogenet* », reviendrait donc, s'il était relevé, à la branche de Lavillatte, devenue l'aînée, et en cas d'extinction de celle de Lavillatte, à la branche de Monlevade.

(1) M. de Boisse a épousé depuis Mademoiselle d'Alès.

(2) L'absoute fut donnée, à Pionnat, par M. le Vicaire Général Bertrand.

LA CROIX DE LIMOGES.

Dimanche 22 Août 1897.

M. de Bogenet est mort mercredi soir. Il aurait eu dans deux mois et demi quatre-vingt-douze ans. C'est une belle et grande figure qui disparaît, il convient de la saluer avec respect.

Né en novembre 1805, Léopold Dissandes de Bogenet fit ses études au petit Séminaire d'Ajain et au Lycée de Limoges (1) où il se lia d'amitié avec Emile Pouyat, Adolphe Jouhanneaud, Lézaud.

Après avoir fait son droit il fut inscrit au barreau de Guéret où sa réputation d'avocat s'établit promptement. Plusieurs fois il vint plaider à la Cour de Limoges,

---

(1) Alors Collège Royal.

dont son grand-père maternel était conseiller.

Mais le jeune homme ne se laissait pas séduire par ses premiers succès. Son ambition était plus haute et plus sainte, il voulait se faire prêtre. Pour accomplir son dessein il dut renoncer à de bien légitimes espérances, mais rien n'arrêta cette âme généreuse. Au mois d'octobre 1833 il entrait au Séminaire de Saint-Sulpice et il en revenait prêtre en décembre 1836. Un an après il était Vicaire Général.

Pendant soixante ans M. de Bogenet a été à son poste de travail et de combat. Dire ce qu'il fit serait malaisé, on aurait plutôt compté les œuvres dont il ne s'est pas occupé. Toute l'histoire religieuse de notre diocèse pendant cette seconde moitié du siècle est remplie de son nom. Les œuvres les plus diverses, les institutions de piété, de zèle, de charité, les fondations de toutes sortes ont trouvé en lui un promoteur, un conseiller ou un soutien.

Sa parole ardente, éloquente à force de

conviction profonde a retenti partout, de la cathédrale aux plus humbles églises, des chapelles de communauté aux sanctuaires des pélerinages.

Il aimait les belles manifestations de la foi catholique, les chants des pélerins, les acclamations enthousiastes, mais il savait aussi recevoir avec bonté les humbles et les pauvres, écouter la confidence de leurs peines, chercher pour eux un emploi. Combien de visiteurs intéressés sont venus à la petite maison de la rue des Pénitents-Blancs et en ont emporté le témoignage sensible de sa grande charité.

En ces dernières années, il s'occupait à Limoges de la retraite des pauvres, c'était pour lui un sujet de grande sollicitude et il s'y donnait de tout son cœur avec l'esprit de foi et la générosité qui allaient si bien à sa grande nature.

Quand on voyait passer, même en ces dernières années, ce beau vieillard à la démarche un peu hésitante, légèrement courbé, mais portant encore fièrement la tête, c'était comme une évocation d'un autre âge.

Par de certains côtés de son caractère M. de Bogenet avait une âme antique. Il n'aimait pas à déguiser la vérité en banale politesse ; sa franchise n'était peut-être pas sans quelque rudesse. Cet homme qui se traitait si durement lui-même, toujours levé avant l'aube, jeûnant des carêmes entiers, ne pouvait admettre chez ses contemporains tant de délicatesse et de timidité. Faisant fort peu de cas des honneurs et des biens de ce monde, il savait vigoureusement reprendre ceux qu'il y trouvait trop enclins.

Mais sous cette austérité naturelle que de bonté et quelles vertus ! Comme il était bienveillant pour tous, sans jalousie ni déplaisir du succès qui venait à d'autres ! Comme il savait aussi souffrir sans se plaindre, chercher à se faire oublier, rester à l'écart.

L'âme de M. de Bogenet était si vaillante et son corps avait une apparence si robuste, qu'il semblait défier la vieillesse et la mort, et nous ne nous étonnions pas de voir sa vie prolongée au delà des limites ordinaires. Mais Dieu a jugé sans doute complète la mesure de ses mérites ; il l'a rappelé pour lui donner la récompense promise à ceux qui ont longtemps et vaillamment combattu le bon combat.

Il est superflu.de dire quels regrets cette mort va causer chez tous les catholiques limousins. On avait si bien pris l'habitude de le voir et de l'entendre toutes les fois qu'il y avait quelque bien à faire ou à dire, que d'instinct on le cherchera encore partout.

C'est quand la cognée vient d'abattre un des géants de nos forêts qu'on mesure mieux la hauteur de sa taille et l'abri bienfaisant de ses rameaux. Tous les arbrisseaux qui grandissaient à son ombre frissonnent au premier souffle du vent dont son feuillage ne les protège plus. Il leur faut du temps pour s'accoutumer à vivre sans lui.

De même la mort du prêtre vénérable que nous pleurons fera mieux juger quelle grande place il tenait parmi nous. Sans lui, bien des âmes et bien des œuvres vont se trouver privées d'un père et d'un guide qui leur étaient bienfaisants. Que Dieu les garde et les fortifie.

La *Croix de Limoges* que M. de Bogenet a toujours aimée et encouragée, dépose sur sa tombe, avec une prière fervente, l'hommage de ses regrets.

Havre. — Imp. Lepelletier, rue Séry, 47

TABLE DES MATIÈRES